한 그릇 밀프렙

다이어트 레시피

한 번 만들어 일주일이 가벼운 12주 다이어트 식단

한 그릇 밀프렙

다이어트 레시피

최희정 지음

CYPRESS
싸이프레스

안녕하세요, 최희정입니다. 벌써 네 번째 책을 선보이게 되었어요. 그동안 많이 기다리셨나요? 이번 책은 참 우여곡절이 많았던 터라 첫 책을 만들었을 때처럼 설레기도 하고, 떨리기도 해요. 모쪼록 많은 분들에게 도움이 되는 책이었으면 좋겠다는 생각이 들었습니다.

요즘 코로나 바이러스 때문에 집에서 생활하는 시간이 늘었죠. 배달 음식을 많이 시켜 먹기도 하고, 나가서 운동하는 것이 어려워져서 체중이 증가하신 분들도 많죠? 그래서인지 다이어트가 시급하다는 분들이 많았고, 어떻게 요리를 해 먹어야 할지 묻는 분들도 많았어요. 저도 오랫동안 가볍고 건강하게 먹고 싶지만 스스로 직접 요리하기엔 시간과 요리 솜씨가 부족하다는 분들께 어떤 해결책을 드려야 할까 고민했어요. 그리고 그런 고민들에 대한 해결책으로 밀프렙 식단을 선보이게 되었어요.

다이어트를 할 때는 운동도 중요하지만 식단이 90%를 차지할 정도로 중요하다고 하잖아요? 하지만 어떻게 매일 먹어야 할지도 잘 모르겠고, 요리 솜씨도 없어서 고민인 분들이 많을 거예요. 그래서 이번에 출간하는 《한 그릇 밀프렙 다이어트 레시피》에는 누구나 쉽고, 맛있고, 예쁘게, 일주일치 요리를 한꺼번에 만들어서 그때그때 데워 먹거나 바로 먹을 수 있도록 식단을 구성했어요. 매일 다른 식단과 새로운 맛의 식사를 만들수 있어서 식사 시간이 즐거워질 거예요. 밀프렙을 통해 더욱 간편하게 요리를 하고, 요리가 생각보다 쉽고 즐겁다는 점을 느낄 수 있기를 바랍니다.

이번 책에 담긴 식단과 레시피는 나를 위한 것이기도 하지만 가족들과 함께 만들어 먹거나 아이들 간식이나 식사로 요리해서 먹어도 너무 좋을 거예요. 함께 맛있고 건강한 습관을 들여보는 것이 어떠신지요. 제 책을 보는 모든 분들이 몸도 마음도 건강하고 행복하셨으면 좋겠습니다.

네 번째 책을 쓰면서 참 감사한 분들이 많이 떠올랐어요. 먼저 저의 담당 편집자 희현 씨, 이번에도 같이 책을 작업하게 되어서 정말 기쁘고 늘 고마워요. 저에게 기회를 주신 출판사 관계자 분들께도 감사의 인사를 드립니다. 부족하지만 저를 응원해주시고 예쁘게 봐주시는 팔로워 분들께도 항상 감사의 마음을 전하고 싶어요. 그리고 언제나 저를 아껴주시고 묵묵하게 제가 하는 일들을 큰 사랑으로 응원해주시는 부모님, 아프지 말고 항상 건강합시다. 모두들 많이 사랑합니다.

최희정

CONTENTS

밀프렙 레시피 기본 가이드

12주 밀프렙 식단

MEAL-PREP RECIPE

3

함께 먹으면 더욱 맛있는 반찬

밀프렙 식단을 시작하기 전에 한번 읽어보세요.

12주 동안 만들 메인 요리와 응용 요리의 포인트는 무엇인지,

식재료를 똑똑하게 고르는 방법부터 신선하게 손질하고 보관하는 방법,

완성한 식사를 담는 통을 고르는 팁, 밀프렙 식단과 다이어트에 대한

Q&A 등 다양한 노하우를 소개합니다.

MEAL-PREP RECIPE

1

밀프렙 레시피
기본 가이드

1

다이어터를 위한
밀프렙 식단과 레시피

조금 더 가볍고 건강하게 먹고 싶지만 방법을 모를 때가 있어요. 방법을 알아
도 어렵거나 번거로워서 꾸준히 할 수 있을까 자신이 없죠. 이런 고민들을 하
고 있다면 밀프렙 식단과 레시피를 만나보세요. 밀프렙은 쉽고 간편하게 요
리해서 맛있고 건강하게 먹을 수 있도록 고안된 식단이니까요. 밀프렙의 뜻
부터 식단의 특징과 장점까지 한번 살펴볼까요?

1 밀프렙이란?

밀프렙은 식사라는 뜻의 단어인 '밀(Meal)'과 준비라는 뜻의 단어인 '프렙 (Preparation)'이 합성된 말로, 미리 여러 끼니의 식사를 준비한다는 의미를 지녔어요. '미리 준비하는 식사'라고 생각하면 됩니다. 짧게는 3~5일, 길게는 일주일까지 먹을 음식을 만들어 소분해두고 끼니 시간이 되면 간편하게 먹는 식사예요. 일주일 동안 요리할 메뉴를 계획하고, 일주일치 식단을 짜서 한꺼번에 만들기 때문에 귀차 니스트도 손쉽게 식사를 먹을 수 있어요.

2 왜 다이어터는 밀프렙을 하는 게 좋을까?

다이어트 중일 때 집에서는 식이 조절을 하기 쉬워요. 반대로 집 밖에서 식사를 할 때, 다시 말해 외식을 할 때는 주변의 눈치가 보이고 가벼운 열량의 식사를 찾기 어 려워요. 이런 문제를 해결하기 위해 도시락을 싸서 다니는 다이어터들이 참 많죠? 그런데 다이어트 도시락을 싸서 다니기엔 적지 않은 시간과 노력이 소모돼요. 매일 그날 먹을 도시락을 싸는 건 귀찮고 힘든 일이에요.

그래서 바쁘게 일상을 보내지만 그럼에도 건강한 음식을 먹기 위해 노력하는 사람 들을 위해 밀프렙 레시피들을 모았습니다! 주말이나 시간적 여유가 있을 때 딱 한 번만 요리를 하면 식사 5개를 완성할 수 있도록 식단과 레시피들을 준비했어요.

매번 요리하는 일이 귀찮았다면, 다이어트 식단을 짜는 일이 어려웠다면 밀프렙 레 시피를 만나보세요! 귀찮음과 어려움이 사라지고, 건강과 맛을 모두 챙긴 식사를 간편하고 가볍게 먹을 수 있을 거예요. 완성한 요리를 원할 때마다 식사로 먹는 대 신 매일 도시락으로 들고 다니며 먹어도 된답니다.

3 밀프렙과 함께 돌아온 저열량 레시피!

식단을 직접 짜는 번거로움을 줄이고, 열량을 낮춰 더욱 건강하게 먹을 수 있도록 그동안 소개해온 '한 그릇 다이어트 레시피'의 장점을 살려 밀프렙 식단을 개발했어요. 조리 과정에서 설탕과 소금을 줄여 더욱 철저해진 다이어트 식단이 완성되었죠. 또 다이어트를 하는 기간에만 먹는 레시피가 아닌, 일상에서 언제든 먹을 수 있는 레시피가 되도록 만들었어요.

처음에는 입에 맞지 않더라도 먹다 보면 자연스럽게 건강하고 가벼운 음식에 적응될 거예요. 식단대로만 만들면 일주일치 식사가 완성되는 것은 물론이고, 꾸준히 따라 하면 건강한 입맛과 지속 가능한 다이어트 식습관을 자신의 것으로 만들 수 있게 될 겁니다. 체중 감량과 유지는 단기간의 입맛·식습관 교정으로만 되는 게 아니잖아요. 한 달, 반년, 1년, 5년… 할머니가 되어서도 이 방법으로 먹을 수 있을까 고민해보고 스스로에게 맞는, 자신이 할 수 있는 식습관을 실행해야 하니까요.

음식을 건강한 방법으로 먹고 싶다고 생각했지만 식습관을 조절하는 게 어려웠다면 밀프렙 레시피를 한번 따라 해보는 건 어떨까요? 그동안 다이어터들에게 인기 있었던 레시피뿐 아니라 체계적으로 밀프렙을 할 수 있는 저열량 레시피, 함께 곁들여 먹으면 더욱 맛있는 반찬들도 함께 소개합니다. 내 몸에 건강한 음식을 먹으며 즐겁게 다이어트를 해보세요!

한 그릇 밀프렙 식단의 포인트

메인 요리 1개와 응용 요리 5개가 1세트로 이루어진 일주일치 밀프렙 식단을 개발하며 집중해온 특징과 장점을 설명할게요. 마음은 편하게 배는 든든하게 먹으면서 체중이 감량되고 찌뿌드드한 몸이 가벼워지는 경험을 해보세요.

밀프렙 식단의 특징

메인 요리와 응용 요리들의 공통점은 탄수화물과 단백질, 지방, 식이섬유, 비타민 등
영양소의 균형이 맞춰진 한 그릇 요리라는 점이에요.
또 전자레인지만 있으면 데워서 바로 먹을 수 있는 간편한 식사들이죠!

메인 요리

일주일치 식사의 중심이 되는 메인 요리는 대개 포만감을 최대치로 높이는 고단백질 요리로 구성했어요. 기름기가 적은 부위의 소고기나 돼지고기를 비롯한 육류, 두부, 달걀, 캔 참치 등 단백질이 풍부한 식재료로 메인 요리를 만들어요. 그러면서도 구하기 쉬우며 저렴하고 계절에 크게 영향을 받지 않아서 언제든 구매할 수 있는 식재료들을 메인 요리의 주재료로 선별했어요.
고단백 메인 요리를 그대로 먹어도 훌륭한 밥반찬, 한끼 식사가 되기도 해요. 단백질이 듬뿍 담겨 있기 때문에 섭취하면 허기지지 않고, 과식과 폭식을 막을 수 있어요.

응용 요리

메인 요리를 5개 분량으로 나눈 뒤 밥(볶음밥, 주먹밥, 덮밥)이나 빵(샌드위치, 또띠아롤) 등의 탄수화물 식재료를 더해 응용 요리를 만들어요! 탄수화물뿐 아니라 다양한 종류의 채소를 더해 식이섬유와 비타민, 수분 등 각종 영양소를 함께 섭취할 수 있도록 영양 밸런스를 맞췄어요. 메인 요리를 만들어두었다면 응용 요리는 간편하게 부재료를 추가하기만 하면 완성된답니다.

밀프렙 식단의
장점 6

1 일주일에 한 번만 요리한다

밀프렙은 미리 준비하는 식사라는 의미에 걸맞게 일주일에 한 번만 요리
해도 됩니다. 실제로 요리를 직접 하는 사람에게는 아주 간편한 방식의
요리법이죠. 한꺼번에 일주일치 식사를 완성하는 식단이기 때문입니다.
매일 요리할 시간을 줄여준다는 것이 밀프렙 식단의 가장 큰 특징이자
장점이에요.

밀프렙을 해두었다가 전자레인지에 데우기만 하면 든든한 한끼 식사를
먹을 수 있다는 점도 간편함을 더해준답니다! 또한 끼니 때마다 먹을 수
있도록 소분해두기 때문에 보관하기 편리하고 위생적이에요.

2 한 그릇 일품 요리다

밀프렙 식단은 한 그릇 요리로 다이어트를 하던 것과 크게 다르지 않아
요. 오히려 그릇보다 작은 반찬통이나 도시락용기에 담기 때문에 완성
한 요리를 더욱 푸짐해 보이게 만드는 시각적·심리적 착각을 일으켜, 허
기를 달래주는 효과를 더욱 높입니다. 또 반찬통이나 도시락용기에 가득
담긴 한끼 분량만 먹도록 고안된 레시피여서 저절로 식사량을 조절할 수
있어 과식이나 폭식도 방지해주죠.

일품 요리는 한 상 가득 밥상을 차리는 것보다 만들기 간단하고 쉬워요. 쉬운 음식을 해야 요리에 대한 부담과 스트레스가 적고 계속 식단을 따라 할 수 있어요. 꾸준히 요리를 해서 먹어야 건강한 식습관이 형성되고, 몸이 가벼워지는 식습관을 자신의 것으로 만들어 지속 가능한 다이어트를 해나갈 수 있다고 생각합니다. 꾸준히 할 수 없는 다이어트는 결국 정체 기와 요요만 불러일으킬 뿐이니까요.

게다가 조리 과정이 쉬운 덕분에 요리 초보자도 한 그릇 밀프렙 식단에 도전하기 좋아요. 최대한 간결하게 정리한 레시피만 그대로 따라 만들면 누구나 그럴듯해 보이는 요리를 간단히 완성할 수 있어요.

3 칼로리 측정을 하지 않는다

매번 강조하지만 끼니마다 칼로리 측정을 하는 것은 크게 의미가 없어요. 사람에 따라 기초 대사량이 다르기 때문에 섭취한 에너지를 체내에서 사용하는 방식도, 소모하는 양도 달라 요. 차라리 어떤 음식을 어떤 방법으로 먹을까 고민하는 것이 더 낫습니다. 칼로리 측정이 완전히 무의미한 것이라기보다는 조금 덜 신경 쓰며 스트레스받지 않아도 된다는 이야기입 니다. 숫자만 놓고 따져볼까요? 라면 1봉지의 칼로리는 470~500kcal, 소고기 등심 200g의 칼로리는 400~450kcal입니다. 둘은 비슷한 칼로리의 음식이지만 섭취했을 때의 결과에는 큰 차이가 있죠.

그렇다면 어떤 음식을 어떻게 먹어야 할까요? 사실 이미 알고 있습니다. 치킨보다 삶거나 구운 닭고기, 생크림이 듬뿍 든 빵보다 통밀빵 또는 곡물이 들어간 잡곡빵이 건강한 재료와 방식으로 만든 음식이고, 이런 음식을 먹는 게 좋죠.

모든 음식을 하루아침에 건강한 음식으로 바꾸고 조금씩 먹으면 체중이 쭉쭉 빠지겠지만 그렇게 하다가는 오히려 타이트한 식이 제한에 스트레스를 받고 폭식을 하거나 다이어트를 중도에 포기하기 쉽습니다. 차근차근 자신의 식습관 내에서 바꿔나갈 수 있는 것들부터 변 화를 주는 게 좋아요. 카페라테를 좋아하는 사람이라면 '오늘은 아메리카노를 마신다' 식으 로요. '일주일 동안 밥그릇에서 한 숟가락씩만 덜어낸다', '딱 한 달만 다이어트 식단을 따라 한다'도 괜찮습니다.

그런 면에서 다이어트를 효과적으로 하고 싶은 사람들에게 밀프렙 식단과 레시피를 추천합 니다. 한끼씩 소분되어 있는 식사 덕분에 자연스럽게 섭취량이 제한되어 무리하지 않는 선 에서 식사량을 줄일 수 있습니다. 또 다양한 재료로 요리해 몸에 필요한 질 좋은 탄수화물과 지방, 단백질뿐 아니라 필수 비타민과 무기질, 철분 등의 영양소도 골고루 챙길 수 있고 자 칫 식이 제한이 불러오는 영양 불균형을 막아줘요. 영양소는 우리 몸이 제대로 작동하고 기능하기 위해 필요한 연료입니다. 특정 영양소가 부족하면 살이 빠지기는커녕 오히려 더 지방이 축적될 수도 있으니, 다이어트를 할 때는 칼로리보다 중요한 영양소를 제대로 챙겨 먹어야 해요.

4 식재료의 낭비를 줄인다

요즘엔 하루가 멀다 하고 다이어트 효과가 뛰어나다는 새로운 식재료가 등장하죠. 차전차피, 여주, 노니, 뮤즐리, 카무트, 콜리플라워라이스…. 체중 감량에 좋다고 해서 모든 식재료를 챙겨 먹기에는 비용이 꽤 들어요. 몸에서 그 식재료를 안 받아들일 수도 있고, 손질법이나 요리법이 낯설기도 해요.

그래서 한 그릇 밀프렙 식단에서는 주변에서 쉽게 볼 수 있는 식재료들을 사용하고, 또 그 식재료들을 중복해서 사용합니다. 예를 들어 이번 주에 고구마샐러드를 메인 요리로 만들었으면 '떠먹는 고구마피자', '고구마퀘사디아', '고구마모닝빵샌드위치' 등의 활용 요리들을 만들어요. 식재료의 낭비가 덜하고 알뜰하게 요리할 수 있어요. 냉장고에 남아 처치 곤란인 재료가 생기지도 않고, 다이어트를 하면서 고민하게 되는 경제적인 문제에서도 해방될 수 있답니다.

5 소금과 설탕을 줄여 건강하게 먹는다

몸을 건강하게 만들어주는 데 필요한 영양소는 가공이 덜 된, 있는 그대로의 식재료로 만든 음식이라고 생각합니다. 건강한 음식을 먹으려면 식재료는 물론이고 사소하게는 조미료, 요리 과정까지도 믿을 수 있어야 해요. 항상 강조하지만 직접 만든 음식이 가장 덜 가공되었고, 가장 첨가물이 덜 들어간 음식이에요.

그렇기 때문에 밀프렙 레시피들은 조리 과정에서 열량을 덜어내고 건강하게 요리하려는 노력을 기울였어요. 특히 열량에 직접 영향을 주고, 미각을 자극적인 맛에 중독시키는 조미료인 소금과 설탕을 적게 사용했어요. 체지방을 축적시키는 설탕에 대해선 모두들 잘 알고 있으니, 소금에 관해 설명해보겠습니다. 짜게 먹으면 붓는다는 건 알고 있을 겁니다. 일시적으로 부종이 일어나는 건 금방 되돌릴 수 있지만 매일 짜게 먹으면 어떨까요? 항상 부어 있겠죠. 외양적인 문제만 발생하면 차라리 다행입니다. 과체중과 단짝처럼 붙어 다니는 고혈압이나 심혈관계 질환, 생리 불순 등의 호르몬계 질환에도 과도하게 섭취한 소금이 악영향을 준다고 해요. 소금 섭취량을 줄여야 하는 이유가 납득되나요?

소금과 설탕을 줄였을 때 다이어트 측면에서 문제가 되는 부분은 '맛'이에요. 그동안 자극적인 맛에 길들여져 있었기 때문에 맛이 없다고 느낄 수 있어요. 그렇지만 충분히 재료 본연의 맛이 살아나도록 레시피를 개발했으니, 재료의 있는 그대로의 맛이 담긴 건강한 요리에 차차 익숙해져보는 건 어떨까요. 건강한 음식의 건강한 에너지를 얻을 수 있도록 말이죠.

6 몸도 지갑도 가벼워진다

밀프렙 식단은 일주일씩 짜여 있고 일주일치 식단을 위한 장보기 리스트를 제공해요. 그래서 자연스럽게 식재료 구입 비용이 줄어든다는 장점도 있습니다. 배가 고플 때 장을 보러 가면 왠지 모를 허기 때문에 당장 먹을 게 아닌데도 이것저것 장바구니에 담게 되잖아요. 눈에 들어오는 모든 것이 맛있어 보이고, 갑자기 배가 더 고픈 것 같고, 당장 먹어 치우고 싶다는 생각이 들어요. 그날 기분에 따라 또는 스트레스를 풀 듯 장을 보기도 하죠. 장을 볼 때만 유독 손이 커지는 사람도 있을 거예요. 평소에는 잘 절약하다가도 습관적으로, 무계획적으로 식재료를 사서 쟁여놓는 사람도 있겠죠.

그리고 그렇게 구매한 식재료들은 대부분 썩기 직전에야 냉장고에서 발견되고는 합니다. 또는 냉장고에 있는 식재료를 먹어 치우기 위해 먹고 싶지도 않은 메뉴를 골라 요리하게 됩니다. 한마디로 계획 없이 그때그때 상황에 따라 요리를 하고 먹는, 식습관 조절이나 다이어트와는 상관없는 식사 패턴이 이어지게 되는 것이죠.

이런 측면에서 밀프렙 식단은 불필요한 식재료 소비와 지출을 막아주는 데 도움이 돼요. 몸이 가벼워지는 음식을 만들어 먹는 것은 물론, 지갑도 가벼워지는 효과를 줍니다. 또 계획에 따라 요리할 수 있으며 식사 패턴을 바로잡는 데도 효과적이에요.

3

밀프렙,
본격 준비 가이드

조금 더 구체적으로 밀프렙을 시작하기 전에
준비해야 할 사항들을 정리해보겠습니다.
식재료를 고르는 꿀팁과 평소 자주 쓰는 식재료의 올바른 손질법,
완성한 식사를 보관하는 방법까지!
그동안 잘 알고 있었던 정보들도 있겠지만
의외로 잘 모르고 있던 정보들도 있을 테니,
한번 읽어보세요.

1 식재료는 이렇게 골라요!

일주일치 식사를 한꺼번에 만들어야 하기 때문에 식재료는 최대한 신선한 것을 골라야 돼요. 예를 들어, 달걀을 고를 때는 장을 보는 시점에서 가장 가까운 날에 생산된 것을 고르는 식이죠. 또는 낱개로 포장되어 있는 식재료를 골라요. 양상추 1통을 통째로 사서 샐러드를 해 먹는 것도 좋지만 1회 분량씩 포장된 어린잎채소를 구매해 샐러드를 해 먹는 방식으로 요. 조금 더 구체적으로 신선한 식재료를 고르는 팁을 알아볼까요?

- 채소: 잎채소는 줄기가 깨끗하며 잎은 무르지 않고 통통한 것으로 골라요. 뿌리채소를 고를 때는 번거롭더라도 세척되어 나온 식재료보다 흙이 그대로 묻어 있는 것을 고릅니다.
- 과일: 무르지 않고 최대한 단단한 과실을 고르는 게 좋습니다. 특히 밀프렙 식단에 자주 등장하는 아보카도의 경우, 껍질이 초록빛을 띠는 익지 않은 상태의 것을 골라 실온에서 후숙시킨 다음 먹어요.
- 육류: 고기는 선홍빛을 띠는 신선한 것으로 구매해요.

2 자주 쓰이는 식재료 손질은 미리 해요!

식이섬유와 무기질, 비타민 등의 영양소를 얻는 가장 편리하고 저렴한 방법은 바로 채소를 섭취하는 것입니다. 특히 다이어트 중이고, 재료 본연의 맛을 즐기는 식습관을 기르려면 채소를 안 먹을 수 없죠. 그런데 채소는 냉장실 채소 칸에 넣어도 그리 오래 보관할 수 없어요. 육류나 레토르트 식품을 냉동실에서 보관할 때를 떠올려보면 채소의 보관 기간이 훨씬 짧다는 것이 바로 이해되죠.

밀프렙을 할 때도 재료 손질은 중요합니다. 장을 보고 난 다음 바로 손질해두거나 각 재료에 맞는 손질을 해두면 더욱 오랜 기간 보관할 수 있으며, 미리 식재료를 다듬어두면 요리를 할 때 편리해요. 예를 들어, 상추와 같은 쌈채소는 흐르는 물에 세척한 뒤 겹겹이 쌓아 눕혀서 보관하기보다는 잎을 따기 전 줄기에 매달려 있는 모습과 최대한 유사하게 잎의 끝이 위를 향하도록 세워서 보관하면 평소보다 오래 신선함이 유지돼요. 상추뿐 아니라 쌈채소, 샐러드채소, 어린잎채소 등의 잎채소는 물기를 잘 털어준 뒤 키친타월에 감싸서 지퍼백이나 밀폐용기에 보관하면 오랫동안 싱싱해요. 시판 토마토소스처럼 많은 양이 한 통에 담긴 식재료들은 자꾸 개봉을 하면 먹는 도중 곰팡이가 피기 쉬워요. 이런 식재료들은 구매 후 바로 작은 소스통이나 지퍼백에 1회 분량씩 소분해서 냉동실에 보관해요. 모차렐라 치즈나 통밀또띠아, 통밀빵 같은 경우도 한 번 먹을 분량으로 조금씩 나눠서 냉동실에 넣으면 오랫동안 보관할 수 있답니다.

Tip 채소&과일, 최적의 손질법과 보관법

대표적인 다이어트 식재료로 손꼽히는 채소와 과일의 적절한 손질법 및 보관법을 소개합니다. 꼼꼼히 읽어보고, 알맞은 방법으로 손질하고 보관하세요.

- 상추, 배추 등의 잎채소: 잎 끝이 위를 향하도록 세워서 냉장실에 보관.
- 양배추: 가운데의 심을 제거한 다음 랩으로 감싸거나 지퍼백에 담아서 냉장실에 보관.
- 브로콜리, 콜리플라워: 꽃송이를 여러 개로 잘라 실온에서 보관(3일). 또는 끓는 물에 살짝 데친 다음 지퍼백에 담아서 냉동실에 보관.
- 오이, 가지: 꼭지 부분이 위를 향하도록 세워서 냉장실에 보관.
- 파, 쪽파: 뿌리가 아래를 향하도록 세워서 냉장실에 보관.
- 파프리카, 피망: 세척 후 키친타월로 닦아 물기를 완전히 없애고 지퍼백에 담아서 냉장실에 보관.
- 버섯: 키친타월에 감싼 채 밀폐용기에 담아서 냉장실에 보관하거나 세척 후 용도에 맞게 자른 다음 지퍼백에 담아서 냉동실에 보관.
- 토마토, 방울토마토: 완전히 익지 않은 토마토를 구매 후 실온에서 보관(2~3일).
- 고구마: 키친타월이나 신문지로 감싼 뒤 어둡고 건조한 실온에서 보관(7일).
- 사과: 밀폐용기나 지퍼백에 담아서 냉장실에 보관.
- 바나나: 검은 반점이 생겼을 때 껍질을 벗기고 지퍼백에 담아서 냉동실에 보관.
- 아보카도: 완전히 익지 않은 초록색 아보카도를 구매 후 실온에서 적갈색을 띠기 시작할 때까지 후숙시킨 다음 냉장실에 보관.

대부분의 채소와 과일은 자연에서의 모습 그대로, 자랄 때의 환경과 유사하게 보관해야 영양소의 손실을 최소화해서 섭취할 수 있어요. 예를 들어 무와 같은 뿌리채소는 세척한 것 대신 흙을 털어내지 않은 것을 사고, 뿌리가 아래를 향하고 잎이 위를 향하도록 세워서 보관해요. 그래야 영양소가 덜 파괴되고 빨리 상하지 않아요. 단, 빛이 닿지 않는 환경에 두어야 합니다. 빛이 닿으면 광합성을 하기 위해 자신이 가진 수분을 사용하므로 빨리 시들어요. 광합성이 지속되면 계속 성장해서 영양소가 손실됩니다.

한편 냉동실에 보관하면 영양소가 증가하는 식재료도 있어요. 버섯 종류나 바나나, 블루베리, 두부가 그렇습니다. 하지만 이런 특수한 보관법을 적용해야 하는 식재료는 일부이니 앞에서 언급한 것처럼 자연에서의 모습을 최대한 유지한 채 보관하길 추천해요.

3 통은 이렇게 준비해요!

예쁜 반찬통이나 도시락용기를 따로 사는 것도 좋지만 밀프렙 레시피들은 대부분 한 그릇 요리입니다. 칸이 여럿으로 나뉘어 있지 않아도 돼요. 그저 한 칸에 완성한 요리를 담기만 하면 되니까 도시락용기냐, 반찬통이냐에 크게 영향을 받지 않아요. 기존에 사용하던 반찬통이나 도시락용기를 사용해도 괜찮답니다.

통은 가급적 브랜드나 모양을 통일해서 준비하면 보기에 좋고 층층이 쌓아서 보관하기 편해요. 하지만 밀프렙을 하기 위해 새로운 통을 사야 되는 것은 아니라고 다시 한 번 강조합니다. 제각기 모양이 달라도 문제는 없어요.

단, 전자레인지에 넣어서 사용할 수 있는 내열용기에 담아야 합니다. 미리 만들어둔 식사를 먹기 직전에 데워야 하니까요. 도시락용기를 쓸 때도 마찬가지입니다. 전자레인지에 넣어서 사용할 수 있는 도시락용기를 골라요.

그리고 가장 중요한 포인트는 '밀폐 기능'에 있습니다. 가급적 공기가 통하지 않는 밀폐용기

에 담아야 해요. 반찬통에서 따로 덜어 먹지 않아서 침이 닿거나 뚜껑을 자주 열었다 닫으면 반찬이 쉽게 상하죠? 요리가 최대한 공기나 침 등의 불순물과 접촉하지 않도록, 나눠 담아서 밀폐하는 것이 중요합니다. 가지고 있는 통의 밀폐 기능이 떨어지는 것 같으면 뚜껑을 덮기 전에 랩을 한 번 씌운 뒤 뚜껑을 덮어요. 그러면 공기를 차단해 밀폐 효과를 높일 수 있답니다.

- **모양**: 원형보다 사각형 모양의 용기가 냉장고 안에서 자리를 덜 차지하고, 빈 공간이 적어 내용물이 많이 들어갑니다.
- **소재**: 유리로 된 반찬통이나 도시락용기가 플라스틱으로 된 것보다 밀폐 기능이 좋아요. 요리를 해서 바로 먹을 예정이면 보온이 되는 스테인리스 소재를 골라요(스테인리스, 은박지, 플라스틱, 스티로폼, 종이 소재의 그릇이나 테이크아웃 용기는 전자레인지에 넣으면 안 돼요). 도시락을 싸서 다니는데 밀폐력이 걱정된다면 도시락용기를 보랭백 안에 담아서 다니길 추천해요.
- **소스통**: 비빔밥이나 샐러드에 곁들이는 간장, 드레싱 등 소스를 담는 통은 저렴한 것으로 여러 개를 구입해요. 사용감이 느껴지면 새것으로 교체해서 쓰고요. 또한 세척이 쉽고 소스를 담기 편하도록 입구 부분이 지나치게 좁은 걸 고르면 안 돼요.

4 완성한 식사는 이렇게 보관해요!

샌드위치나 또띠아롤, 김밥 등 생채소가 들어가는 식사는 최대한 빨리 먹어요. 물기가 생기는 식재료는 조리할 때부터 최대한 물기를 제거한 뒤 만들고, 만든 이후에는 냉장실에 보관하며 가급적 빨리 섭취해요. 채소가 많이 들어가는 식사는 일주일치 응용 요리 5개 중 가장 먼저 먹어야 합니다.

또 샐러드류나 생채소가 많이 들어간 요리는 통에 그냥 담아두면 밑바닥 부분의 채소가 빨리 무르고 상해요. 이럴 때는 통이나 용기의 바닥에 키친타월을 한 겹 깔아 수분을 흡수시킨 뒤 먹기 직전에 빼거나 나무젓가락을 듬성듬성 여러 개 담은 뒤 채소를 담아서 바닥과 직접 닿는 면적을 최소화합니다. 그러면 채소가 덜 무르고 싱싱하게 보관돼요. 또는 무거운 재료를 밑에 깔고 가벼운 재료를 위에 올려 보관하는 방법도 채소가 무르지 않게 만듭니다.

볶음밥이나 주먹밥, 덮밥 등 생채소가 적게 들어가거나 익힌 채소가 들어가는 종류의 요리는 냉동실에 보관해요. 그래도 일주일 안에 먹기를 권합니다. 도시락으로 식사를 싸서 다니는 경우, 공기에 자주 노출시키면 음식이 빨리 상할 수 있으니 당일에 싼 도시락은 그날 다 먹는 게 좋아요.

궁금증과 고민은
전부 해결!

밀프렙을 시작하기 전이나 따라 하는 중인데 갑자기 궁금한 것이 생겼나요? 오랜 시간 다이어트를 해오면서 몸과 마음이 지친 것 같나요? 자꾸 허물어지는 의지를 다잡고 싶은가요? 식단과 계획이 마음처럼 되지 않고, 여러 생각과 궁금증에 심란해질 때 들여다보면 좋을 답변들을 준비했어요.

Q1 요리를 잘 못하는데 일주일치 식사를 한꺼번에 만들 수 있을까요?

밀프렙 식단을 짜고 레시피를 개발하면서 가장 크게 중점을 둔 것이 '간편함'이었어요. 누구나 구할 수 있는 식재료를 선정하는 것부터 요리를 전혀 하지 못하는 사람들에게도 어렵지 않은 조리 과정까지, 쉽고 간편하게 식사를 만들어낼 수 있도록 신경 썼으니 한번 시도해보세요. 안 해본 것과 해봤는데 못하는 것은 달라요.

꼭 한꺼번에 일주일치 식사를 만들지 않아도 돼요. 주말이나 평일 저녁에 메인 요리를 만들어둔 다음 시간이 났을 때 응용 요리들을 준비할 수도 있어요. 평소보다 20~30분 정도 일찍 일어난 아침이면 소분해둔 메인 요리에 부재료만 더해서 바로 그날 먹을 식사를 만들 수도 있고요. 취향에 따라 넣는 식재료를 달리 해서 다른 메뉴로 변형해도 좋아요.

처음 시작은 어렵고 힘들 수 있지만 점점 늘어가는 요리 실력과 맛있게 먹으면서 건강하게 다이어트를 하고 있다는 사실에 요리가 즐거워지고 매일 매일이 기대되는 하루가 될 거예요.

Q2 만들어둔 식사는 어떻게 보관하나요?

생채소가 들어가는 샐러드나 비빔밥, 샌드위치와 같은 요리들은 채소가 무를 수 있기 때문에 냉장실에서 최대 일주일까지 보관하며 빠른 시일 내에 먹거나 생채소를 따로 덜어낸 다음 냉동실에 보관하는 게 좋아요. 볶은 채소가 들어간 볶음밥이나 덮밥, 주먹밥 등의 요리들은 냉동실에 보관한 뒤 되도록 일주일 안에 먹는 걸 추천해요.

냉장실이든 냉동실이든 보관한 밀프렙 식사는 전자레인지나 팬에 따뜻하게 데워 먹으면 맛이 더 좋아요.

Q3 식사 양이 부족해요. 함께 곁들여 먹을 만한 음식을 알려주세요

밀프렙한 식사를 먹은 뒤에도 양이 부족하면 과일이나 채소를 그대로 갈아서 만든 건강한 음료를 마셔요. 요리를 할 때 방울토마토나 각종 채소를 함께 볶아서 먹어도 좋아요. 구운 통밀빵이나 삶은 고구마 등 소화가 느리게 진행되는 복합탄수화물 식품을 1조각 곁들여도 괜찮아요.

식사와 식사 사이에 당근이나 오이, 양배추, 셀러리 등을 잘라서 만든 채소스틱이나 견과류를 먹는 것도 괜찮습니다. 식이섬유로 인해 포만감이 오래 지속되고 허기가 달래져요.

Q4 소금과 설탕을 줄이고 싶지만 맛을 살리고 싶으면 어떻게 해야 할까요?

지방이 함유되지 않은 소스인 하인즈토마토케첩이나 스리라차소스, 홀그레인머스터드 등으로 맛을 내면 좋아요. 단, 시판 소스는 가공식품이기 때문에 너무 많이 넣지 않도록 주의해요. 후춧가루나 통깨, 파슬리가루, 크러쉬드레드페퍼홀 등의 천연 향신료를 넣어 다양한 맛을 내면 더욱 즐겁게 먹을 수도 있어요.

향신료 대신 풍미를 더하는 식재료를 추가할 수도 있어요. 예를 들어, 볶음밥에 다진 마늘이나 양파를 조금 넣거나 매콤한 청양고추를 썰어 넣는 식으로요. 고기의 잡내, 생선의 비린내를 제거하고 상큼함으로 입맛을 돋우는 레몬즙(또는 라임즙)을 국물 요리나 볶음밥 등의 요리에 활용해도 좋아요. 소금의 양을 줄이고 레몬즙을 살짝 넣으면 짠맛을 중화시키고, 나트륨 섭취량을 낮출 수 있답니다. 그러면 소금과 설탕을 줄여도 음식이 밍밍하지 않아요.

그렇게 점점 소금과 설탕을 줄여보세요. 소금을 덜 먹게 되면 식재료들이 각기 지닌 고유의 맛과 향이 되살아날 것이고, 설탕을 덜 먹게 되면 과일이나 채소 본연의 달큰한 맛이 더욱 잘 느껴질 거예요.

Q5 학교/회사에 도시락을 싸서 다니기 눈치가 보여요

학교나 회사에 친구가 있다면 같이 도시락을 싸서 다니기로 하거나 도시락을 조금 더 싸서 주변 사람들과 나눠 먹는 건 어떨까요? 샌드위치를 1개 더 만들어서 작게 여럿으로 잘라 가져가는 방법으로요. 건강하고 맛있는 음식을 같이 먹자고 먼저 다가가면 눈치를 주는 일도 점점 줄어들 것 같아요.

그리고 나를 위해 건강하게 먹기로 결심한 것이니, 남의 생각이나 시선을 신경 쓰지 않았으면 좋겠어요. 어떤 일이든 지금보다 나은 내일의 나를 위해 하는 일이라고 생각하며 당당하게 다른 사람들의 눈치를 안 보면 어떨까요.

Q6 도시락용기나 반찬통 밖으로 음식이 새는 상황을 방지하는 팁이 있나요?

도시락을 싼다면 물기가 많은 재료들은 작은 용기에 따로 담아요. 그리고 도시락용기를 보랭백에 담아서 들고 다니는 게 안전해요. 음식이나 물기가 새도 보랭백 밖으로 넘치지 않으니까요. 되도록 작은 반찬통에 음식을 꽉 차게 담는 게 좋고, 음식을 담고 나서 중간중간 빈 공간에 어린 잎채소나 샐러드채소 등을 섞이지 않도록 채워 넣어도 새는 일을 막을 수 있어요.

Q7 밀프렙 식단을 따라 하다가 정체기나 질릴 때가 오면 어쩌죠?

밀프렙 식단을 따라 하다가 너무 질리거나 먹기 힘들 때가 찾아올 수 있어요. 누구나 정체기라고 부르는 시기를 겪을 수 있다는 말이에요. 그럴 때는 '남들은 다 잘 참는 것 같은데 왜 나는 그렇게 못하지?' 하며 스스로를 탓하지 마세요.

그런 생각이 드는 날에는 밀프렙 식단을 따르거나 식이 조절을 하는 대신 일반식을 먹어요. 숨 돌릴 틈을 스스로에게 주세요. 치팅데이를 정해 그날만큼은 먹고 싶은 것을 마음껏 먹는 일도 좋지만 가끔은 남들이 먹는 것처럼, 평소 먹던 대로 일반식을 맛있게 먹는 일로도 기분 전환이 된답니다. 식단을 따라 하는 동안에는 가끔 먹는 일반식이 식이 조절을 하느라 섭취하지 못했던 영양소를 적절하게 섭취한다는 측면에서 도움이 되기도 해요. 너무 타이트하게, 강박적으로 스스로를 몰아세우지 말고 식단을 따르기 싫은 날은 자신에게 관대해지세요. 그리고 다시 식단을 완벽히 따를 수 있도록 마음을 바로잡으면 됩니다.

Q8 밀프렙 식단 외의 음식은 어떤 것을 먹는 게 좋을까요?

밀프렙 식단에서 소개하는 식사 외에 일반식을 먹을 때는 한 가지 규칙만 기억하세요. '너무 자극적이지 않은 음식을 먹는 것'입니다. 허기지지 않도록 든든히, 배불리 먹을 수 있고 영양소가 골고루 들어 있는 음식이면 크게 제한을 두지 않아도 돼요. 물론 이로운 영양소는 거의 없으면서 건강을 해치고 살찌우는 정크푸드는 당연히 제외해야겠죠.

일반식을 먹을 때 밥은 백미밥 대신 현미밥이나 잡곡밥으로 고르고, 너무 짜지 않게 먹으면 됩니다. 순두부찌개나 된장찌개 등의 국 종류를 먹어도 돼요. 단, 건더기 위주로 먹어요. 생선구이나 채소로 만든 나물·무침 반찬도 꼭 먹어서 단백질이나 식이섬유, 무기질, 비타민 등의 영양소를 두루 챙겨요.

또 이왕이면 건강한 조리법으로 일반식을 만들어 먹길 권합니다. 예를 들어, 기름을 넣는 요리를 할 때는 눌어붙지 않는 팬(Non-stick frying pan)을 사용해서 기름을 줄이거나 기름을 두르는 대신 물 1~2큰술을 넣은 뒤 뚜껑을 닫아 찌듯이 요리해보세요. 섭취하는 기름의 양을 줄이는 것은 물론이며 열량이나 콜레스테롤, 혈압 수치 등도 낮출 수 있답니다.

Q9 간헐적 단식이나 키토식 같은 식이 요법을 함께 시행하면 다이어트 효과가 더 커질까요?

간헐적 단식이나 키토식 등의 식이 요법이 자신의 몸에 잘 맞는다면 하는 게 좋아요. 하지만 사람마다 체질과 몸 상태, 환경이 전부 다르기 때문에 어떤 방법을 병행했을 때 효과가 좋다고 단정 지어서 말하기는 힘들어요.

뻔하지만 당연하게도 건강히 먹고 적당히 운동하는 게 가장 좋은 방법이라고 생각해요. 지금부터 5년 뒤, 10년 뒤에도 할 수 있도록 쉽고 간편한 식이 요법을 선택해야 합니다. 꾸준히 시행할 수 없는 방법을 선택하면 자꾸 목표를 달성하지 못해 실패하고 그런 실패의 경험들 때문에 다음 목표를 위한 의욕이 사라져요.

그리고 너무 많은 제약을 두지 마세요. 지켜야 할 규칙들을 너무 많이, 빡빡하게 정하면 오히려 스트레스를 받아 과식이나 폭식으로 이어질 수 있어요. 우리의 몸과 마음은 쌓인 스트레스를 어떻게든 해결하려는 시스템으로 움직이니까요. 지키기 쉬운 목표를 세우세요. 어떤 식이 요법이든, 어떤 다이어트 방법이든 단숨에 모든 걸 뒤바꾸는 것보다 자신이 할 수 있는 만큼만 천천히 느슨하게 바꿔나가요.

Q10 다이어트를 할 때마다 배고픔이 심해져요. 허기를 이겨내는 노하우를 알려 주세요

이미 여러 번 이야기했지만 배고픔 즉, 허기에는 진짜 허기와 가짜 허기가 있어요. 진짜 허기를 느낄 때는 음식을 먹어야 합니다. 우리 몸이 연료가 부족하다는 신호를 보내는 것이니까요.

가짜 허기는 조금 다릅니다. 무언가 먹고 싶어져요. 특히 특정 음식이 떠올라요. 한밤중에 갑자기 생각난 떡볶이나 치킨처럼요. 또는 평소에 별로 좋아하지도 않던 음식인데 눈앞에 있으니 계속 집어 먹는 식으로 표출됩니다. 식탐을 부린다고도 하죠. 그런 음식들은 먹으면 맛있고 기분이 좋아지기는 하는데, 사실 반드시 먹어야 하는 음식은 아니에요. '나는 정말 배가 고픈 상태인가?'라는 질문을 스스로에게 해보세요. 무의식적으로 그렇다는 답을 바로 내리지는 말고요. 진지하게 묻고 진지하게 대답해보는 겁니다. 그러면 대부분 그렇게까지 지금 당장 무언가를 먹지 않아도 된다는 판단이 설 거예요.

이렇게 가짜 허기가 찾아오면 저는 물을 한 잔 가득 마시거나 향이 좋은 차를 마셔요. 수분을 보충했더니 허기가 가시면 그때의 허기는 '가짜 허기'예요. 음식 생각이 나지 않도록 몸을 부지런히 움직이고 아예 다른 일로 관심을 돌려버리기도 해요. 책을 읽거나 짧은 시트콤 한 편을 보기도 하고, 몇 개 안 되는 그릇을 간단히 설거지하거나 물티슈로 바닥의 먼지를 슬쩍슬쩍 닦기도 해요. 5~10분 정도 내에 집중할 수 있는 일을 찾아 바로 시행합니다. 머릿속에 음식이 떠올랐는데 먹지 못하면 계속 집착하게 되잖아요.

한편 물이나 차를 마시고 다른 일을 했는데도 너무 배가 고픈 경우에는 견과류를 한 줌 천천히 씹어 먹거나 토마토처럼 당분이 적은 종류의 과일을 먹어서 허기를 달래요. 이왕 배를 채워야 한다면 건강한 음식을 먹어요. 그런 건강한 음식으로 고열량이면서 저영양가인 인스턴트식품이나 패스트푸드가 몸에 들어갈 공간을 없애길 권합니다.

5

밀프렙을 위한
밥 짓기

다이어트를 하는 동안에도 아예 안 먹을 수 없는 밥! 밥을 저열량으로 섭취하는 방법이 무엇인지 궁금했나요? 간단합니다. 밀프렙 식단을 할 때는 현미를 섞은 밥을 먹으면 된답니다. 현미밥이 기본 밥이에요. 부담되지 않는 범위 내에서 현미를 섞어서 밥을 지어요. 밥만 조금 바꿔도 체중 감량 효과를 볼 수 있어요.

1 밀프렙 식단에서 사용한 잡곡, 현미

현미는 쌀겨(껍질)와 씨눈(배아)이 붙어 있는, 도정으로 인한 영양소 손실이 없는 쌀이에요. 백미보다 영양적으로 뛰어납니다. 식이섬유는 물론 비타민 B나 E, 칼륨 등이 풍부해요.

음식 섭취량을 줄이는 다이어트 기간에는 변비가 오기 쉬운데 식이섬유는 장 활동을 원활히 만들어 변비를 예방하게 도와줘요. 또한 식이섬유는 몸에서 당분을 흡수시키는 속도를 늦춰 칼로리 섭취량을 줄여줍니다. 당 지수가 낮아 인슐린을 분비하는 췌장의 부담도 덜어줘요. 다이어터들에게 가장 중요한 식이섬유의 효능은 '포만감'을 줘서 식사량을 조절할 수 있게 해주고, 소화시키는 데 많은 열량을 쓰게 만든다는 데 있죠.

그 외에도 현미에는 뇌의 활성화를 도와 집중력을 향상시키는 비타민 B, 노화 방지 효과를 내는 비타민 E, 동맥경화를 방지해주는 리놀레산 등이 함유되어 있어요.

2 현미밥 짓는 방법

백미밥을 지을 때처럼 현미밥을 지으면 밥이 설익거나 소화가 힘들 수 있어요. 쌀겨와 씨눈이 딱딱해서 소화에 방해가 될 수 있습니다. 소화력이 약하면 현미밥이 오히려 위장에 부담을 줄 수 있답니다. 현미밥은 무조건 꼭꼭 씹어 먹어야 해요.

• 전기밥솥으로 지을 때: 30분에서 1시간 정도 현미를 물에 불린 뒤 전기밥솥에 넣고 '현미 모드'로 취사를 해요. 백미로 밥을 지을 때보다 물을 1/2컵(90~100ml) 정도 더 붓거나 뜸을 5분 이상 더 들여요. 완전히 부드러운 식감을 내려면 현미를 하루 정도 불리는 것도 좋아요.

• 압력밥솥으로 지을 때: 압력밥솥에 현미밥을 하는 것도 좋습니다. 마찬가지로 현미를 물에 불리고, 백미로 밥을 지을 때보다 물을 더 부어요. 센 불에 압력밥솥을 올린 뒤 추가 바로 서 있는지 확인해요. 추가 돌아가며 소리가 나기 시작하면 3~5분 정도 두었다가 약한 불로 줄이고 다시 5분간 둡니다. 불을 끄고 10분 이상 뜸을 들인 다음 추를 기울여서 증기를 모두 빼고 뚜껑을 열어요. 강한 압력과 증기 덕분에 현미의 거친 식감이 완화되고 골고루 익어 밥이 촉촉하고 부드러워요.

3 현미의 거친 식감을 줄이고 싶으면

거친 식감 때문에 현미밥을 먹기 힘들면 일반 현미 대신 현미의 영양은 살리면서 거친 식감을 없앤 소프트현미로 밥을 지어요. 백미로 지은 밥처럼 구수하고 맛있으면서 식이섬유나 다른 영양소들이 살아 있답니다.

현미와 백미의 비율을 1:3으로 시작해 점차 현미의 비율을 높이는 식으로 밥을 짓거나 일반 현미보다 쫀득한 식감을 내는 찹쌀현미로 밥을 지어도 괜찮아요.

현미 대신 보리나 흑미, 율무, 수수, 기장(조), 귀리, 녹두 등의 다른 잡곡을 백미와 섞어서 밥을 지어도 좋아요. 검정콩이나 백태(노란 콩), 강낭콩, 완두콩, 렌틸콩, 팥 등의 콩 종류를 섞으면 단백질도 든든히 섭취할 수 있어요. 입맛에 맞는 다양한 종류의 잡곡과 콩을 찾아 밥을 지어보세요.

Tip 밥은 질척한 것보다 고슬고슬한 것이 소화에 더 많은 에너지가 들어, 체내에 흡수가 덜 된다고 해요. 갓 지은 따뜻한 밥보다 찬밥이 소화를 더디게 만들어 역시 흡수되는 열량을 줄여준대요.

이 책의 계량법

계량스푼을 사용하면 같은 음식을 요리할 때마다 균일한 맛을 낼 수 있어 좋지만 의외로 집에 계량스푼을 구입해서 두지 않는 사람도 많죠. 이 책에서는 아주 간단하게 계량을 해서 요리합니다. 밥숟가락과 손만 있으면 돼요. 단, 밥숟가락 하나를 골라 요리할 때는 그것을 계속 사용하길 권합니다.

가루류

1큰술   1/2큰술   1꼬집

액체류

1큰술   1/2큰술

장류

1큰술

1/2큰술

손으로 계량하는 식재료

어린잎채소 1줌

채 썬 양배추 1줌

시금치 1줌

느타리버섯 1줌

대체 가능한
식재료 리스트

알레르기 때문에 기피하거나 취향에 따라 선호하는 식재료가 있을 거예요. 식단을 시행하다가 먹지 못하는 식재료가 있을 때 대체할 만한 식재료들을 소개합니다. 완전히 다른 종류의 식재료만 아니면 대부분의 식재료는 서로 대체해서 먹어도 괜찮아요. 예를 들어, 시금치 대신 청경채나 유채잎, 비름나물, 참나물 등의 초록색 잎채소를 사용하는 식으로요. 이외에도 어떤 식재료들을 서로 대체해서 레시피에 넣어도 되는지 간단히 알아볼까요?

- **육류**: 두부, 콩고기, 달걀, 연어, 오징어
- **밀가루 면**: 통밀/메밀/현미국수, 두부면, 곤약면, 해조/미역국수
- **파프리카**: 피망, 오이고추, 스위트파피
- **고구마**: 단호박, 밤호박, 연근, 마
- **당근**: 사과, 토마토, 양파
- **오이**: 가지, 시금치, 부추, 덩이가 큰 버섯류(새송이버섯)

도시락을
예쁘게 담는 노하우

보기 좋은 음식이 다이어트에도 좋습니다. 팬에 담긴 볶음밥을 먹으면 보기에도 예쁘지 않고, 음식의 양을 신경 쓰며 먹지 않기 때문에 무의식적으로 먹어야 될 양보다 더 많이 섭취하기 쉬워요. 집에서 먹을 때는 취향껏 좋아하는 그릇에 담아 먹으면 되지만 완성된 요리를 도시락용기에 담을 때는 어떻게 담아야 예쁘게 보일까요? 볶음밥에서 덮밥, 샌드위치, 주먹밥, 샐러드까지! 도시락을 보기 좋게 담는 노하우를 소개합니다.

- **볶음밥, 덮밥 종류**: 도시락용기에 소복하게 담고, 위에 방울토마토나 어린잎채소를 올려 장식해요. 파슬리나 크러쉬드레드페퍼홀을 뿌리면 입맛도 살아나고 보기에도 예뻐요.

- **샌드위치, 또띠아롤 종류**: 샌드위치는 도시락용기에 딱 맞는 크기로 썰어서 담아요. 또띠아롤은 한입 크기나 먹기 좋은 크기로 썰어서 담은 뒤 방울토마토나 어린잎채소로 빈 공간을 가득 채워요. 크러쉬드레드페퍼홀이나 스리라차소스 등을 뿌리면 더욱 예쁘고 맛있게 즐길 수 있어요.

- **주먹밥, 초밥 종류**: 밥을 같은 무게로 나눈 뒤 동그랗게 뭉쳐서 만들어요. 도시락용기에 담은 뒤 다진 견과류나 파슬리가루 등을 뿌려도 좋아요.

- **샐러드 종류**: 샐러드는 무거운 재료들을 먼저 담고 가벼운 재료를 그 위에 쌓듯이 담아요. 또는 샐러드용 잎채소를 용기에 꽉 채워 담은 뒤 가운데 부분을 오목하게 비우고, 그 자리에 무게가 나가는 재료를 담아요.

12주 동안 함께할 밀프렙 레시피들을 소개합니다.

메인 요리 1개를 만들면 5개의 응용 요리가 완성되는 세트로 구성했어요.

시간이 날 때 딱 한 번만 밀프렙을 해두면

일주일 내내 든든한 다이어트 식사를 먹을 수 있답니다.

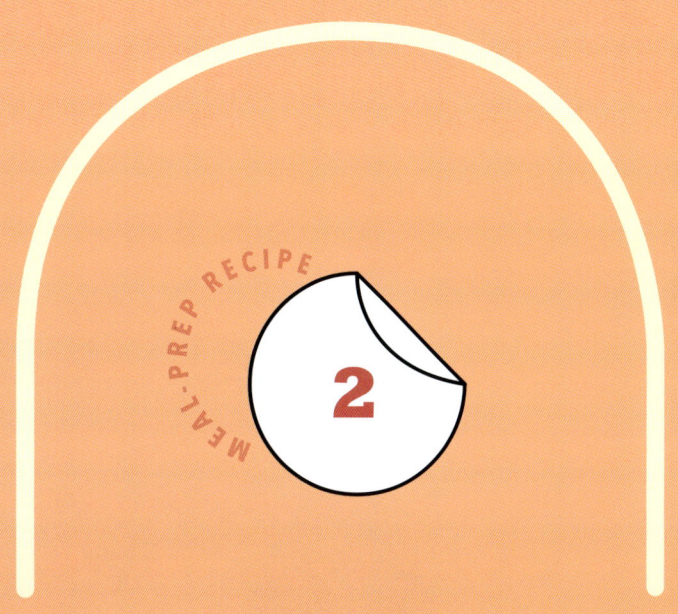

MEAL-PREP RECIPE

2

12주
밀프렙 식단

1주차 밀프렙 식단 한눈에 보기

∭ 장보기 리스트 ∭

- [ ] 통밀식빵 2장
- [ ] 소고기(앞다리살/불고기용) 600g
- [ ] 달걀 2개
- [ ] 슬라이스 치즈 1장
- [ ] 토마토 1개(120g)
- [ ] 당근 1개(200g)
- [ ] 양파 1개(200g)
- [ ] 빨강·노랑 파프리카 1개씩
- [ ] 청고추·홍고추 1개씩
- [ ] 대파 1대
- [ ] 쪽파 1줄기
- [ ] 표고버섯 1개
- [ ] 청상추 9장
- [ ] 어린잎채소 1팩(100g)
- [ ] 다진 마늘 1큰술

* 남는 식재료는 볶음밥이나 주먹밥, 샌드위치,
또띠아롤 등 다른 레시피에 활용해요.

 소불고기

42

1 불고기샌드위치

2 불고기상추쌈밥

3 불고기덮밥

4 불고기달걀덮밥

5 불고기볶음밥

소불고기

기름이 적고 단백질이 풍부한 에너지 만점 식사!

| 소고기(앞다리살) 600g | 간장 5큰술 | 알룰로스올리고당 1큰술 | 알룰로스설탕 2큰술 | 다진 마늘 1큰술 | 참기름 1큰술 | 후춧가루 약간 |

HOW TO MAKE

1 소고기를 한입 크기로 자른 다음 키친타월로 꾹꾹 누르며 닦아 핏물을 제거한다.

2 볼에 나머지 재료를 모두 넣고 골고루 섞어 양념을 만든다.

3 큰 볼에 핏물을 뺀 소고기를 넣고 양념을 부어 버무린다.

4 팬에 소고기를 넣고 중간 불에서 익을 때까지 저으며 볶는다.

 Tip • 소고기를 큰 볼에 담고 찬물을 부어 10분 정도 핏물을 빼도 좋아요. 핏물을 뺀 뒤 체에 밭쳐 물기를 제거해요.
• 사과와 배, 양파를 1조각씩 양념에 갈아 넣어도 풍미가 좋아요.
• 볶으면서 고기의 수분이 날아가 소불고기를 완성하면 550g 정도가 돼요. 더 바싹 볶으면 무게가 더 줄어요.
• 밀프렙을 바로 하지 않을 경우에는 양념한 소고기를 한꺼번에 볶지 말고, 소분해서 냉장고에 넣어 보관하다
  가 그때그때 채소를 추가하거나 양념을 조금 더해서 요리해요.

불고기샌드위치

원하는 만큼 채소를 가득 넣어 만들어요

| 통밀식빵 2장 | 소분한 소불고기 110g | 달걀 1개 | 슬라이스 치즈 1장 | 토마토 1/4개 (30g) | 양파 1/7개 (30g) | 청상추 3장 | 케첩 1큰술 | 머스터드 1큰술 | 올리브유 1/2큰술 | 크러쉬드 레드페퍼홀 약간(생략 가능) |

HOW TO MAKE

1 청상추는 흐르는 물에 씻은 뒤 물기를 털어낸다.

2 달군 팬에 통밀식빵을 앞뒤로 굽는다.

3 팬에 올리브유를 두르고 달걀을 깨트려 넣어 프라이한다.

4 토마토와 양파는 0.3cm 두께로 슬라이스한다.

5 토마토는 키친타월에 올려 물기를 살짝 제거하고, 양파는 찬물에 10분간 담가 매운맛을 뺀 뒤 키친타월에 올려 물기를 제거한다.

6 랩을 깔고 구운 통밀식빵을 올린다. 통밀식빵 한 장의 안쪽 면에 케첩을 바른 뒤 슬라이스 치즈, 달걀프라이, 소불고기, 토마토, 양파, 청상추를 순서대로 올린다.

7 나머지 통밀식빵 안쪽 면에 머스터드를 바르고 덮는다.

8 두 번 정도 단단히 랩을 씌운 뒤 반으로 잘라 밀폐용기에 담고, 크러쉬드레드페퍼홀을 뿌린다.

Tip 사과나 파프리카, 다른 쌈채소를 넣어도 좋아요.

응용 요리
②

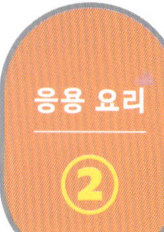

불고기상추쌈밥

긴장을 완화시키고 부종을 빼는 효과가 탁월한 상추!

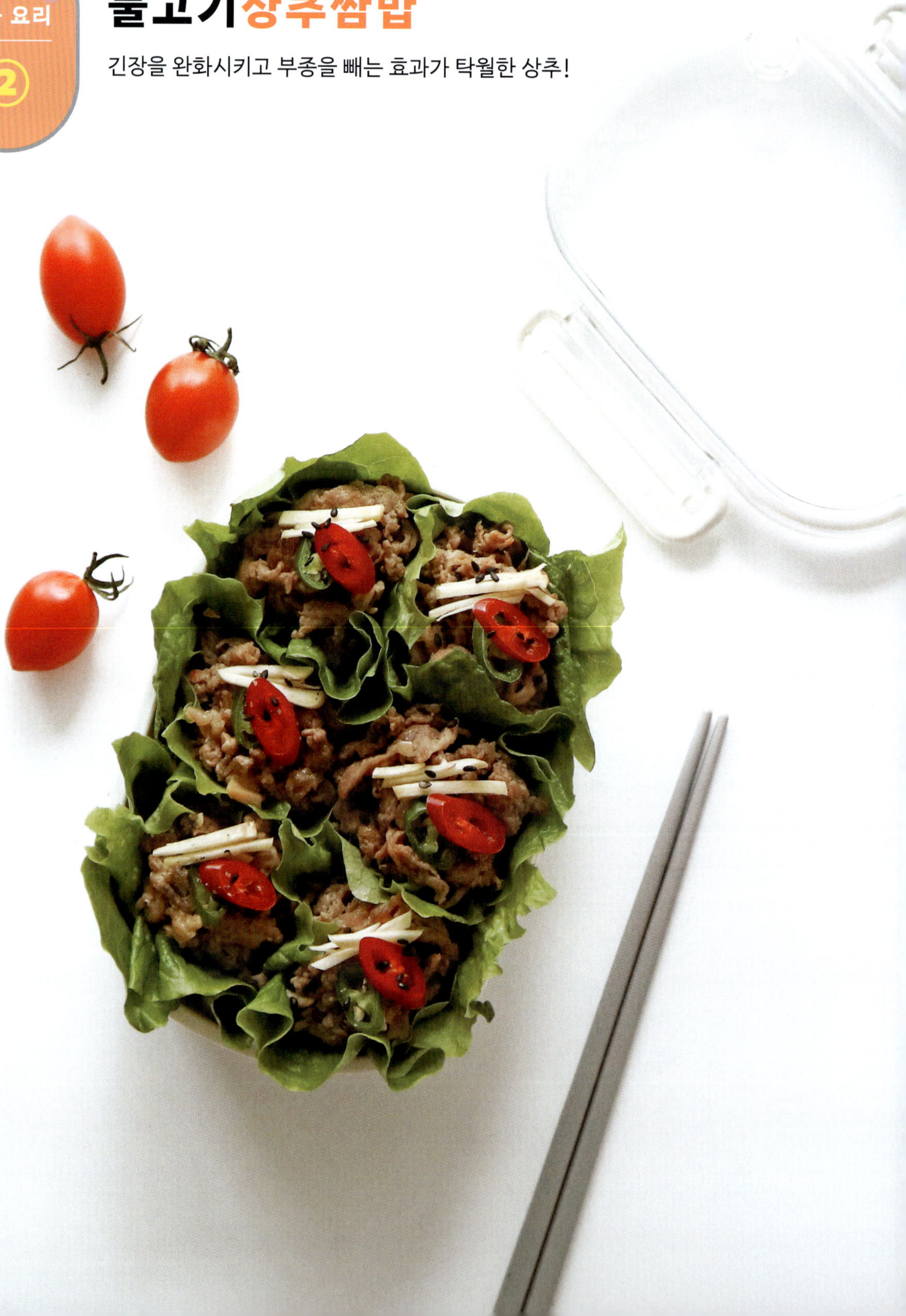

현미밥
1공기(130g)

소분한 소불고기
110g

홍고추·청고추
1개씩

청상추
6장

마늘
1쪽

고추장
1/2큰술

검은깨(또는 통깨)
약간

HOW TO MAKE

1 청상추는 흐르는 물에 씻은 뒤 물기를 털어낸다.

2 마늘은 얇게 채 썰고, 홍·청고추는 어슷 썬다.

3 손에 물이나 참기름을 살짝 묻힌 뒤 현미밥을 한입 크기로 동그랗게 뭉친다.

4 뭉친 밥을 상추로 감싸서 밀폐용기에 담는다.

5 밥 위에 고추장을 조금씩 바른다.

6 소불고기와 마늘, 고추를 올린 뒤 검은깨를 뿌린다.

Tip 고추장 대신 쌈장이나 다진 견과류를 곁들여도 맛있어요.

응용 요리

3

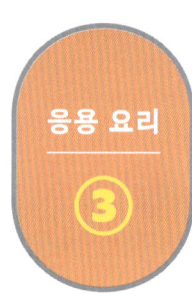

불고기덮밥

맛과 영양을 한 그릇에 담은 간편 덮밥!

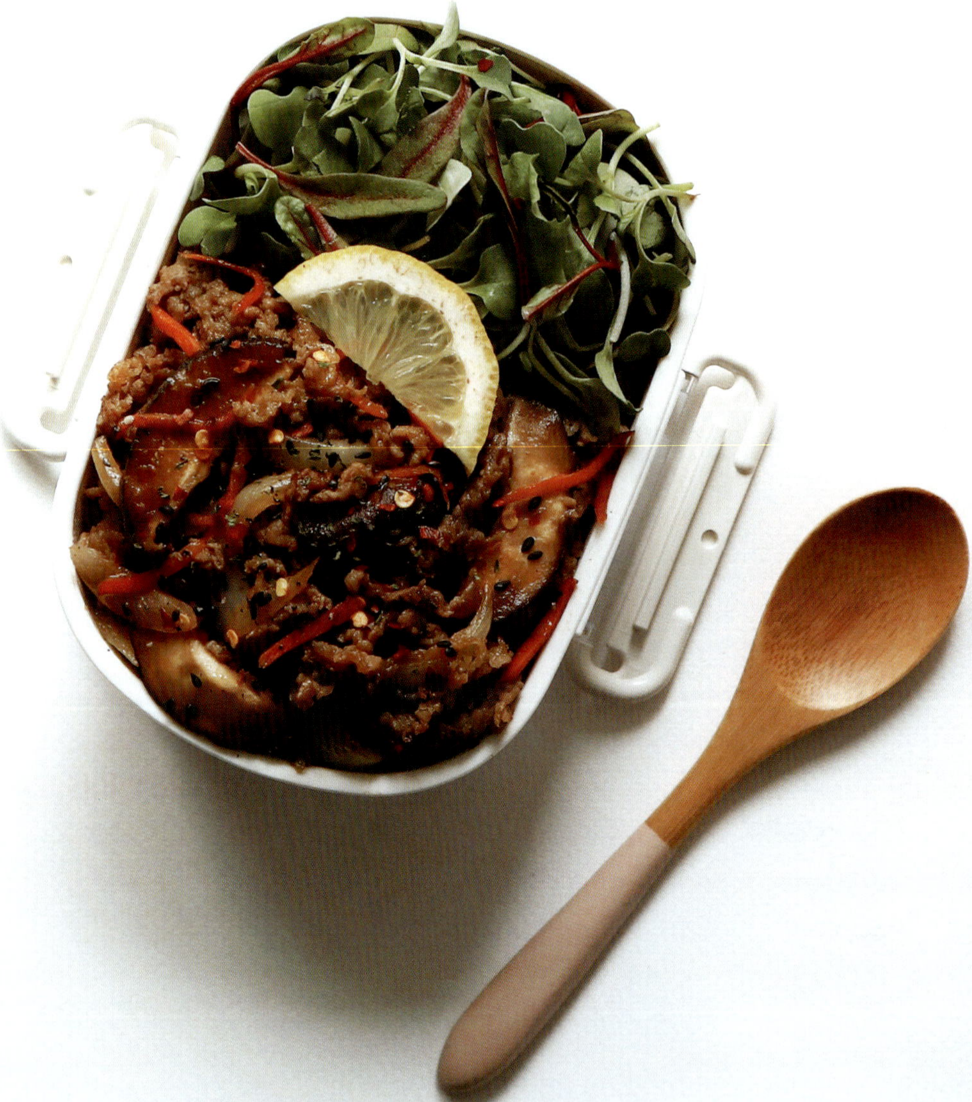

현미밥
1공기(130g)

소분한
소불고기
110g

당근
1/10개
(20g)

양파
1/7개
(30g)

표고버섯
1개
(20g)

어린잎채소
1줌(20g)

간장 1큰술
(생략 가능)

올리브유
1/2큰술

검은깨(또는 통깨)·
크러쉬드레드페퍼홀 약간씩
(생략 가능)

HOW TO MAKE

1 표고버섯은 슬라이스 하고, 당근과 양파는 채 썬다.

2 팬에 올리브유를 두르고 소불고기와 표고버섯, 당근, 양파, 간장을 넣는다. 중간 불에서 당근이 익을 때까지 볶는다.

3 밀폐용기 한쪽에 현미밥을 담는다.

4 볶은 소불고기와 채소를 밥 위에 올린다.

5 남은 공간에 어린잎채소를 담고, 검은깨와 크러쉬드레드페퍼홀을 뿌린다.

응용 요리

④

불고기달걀덮밥

달걀을 넣어서 포만감을 더욱 높여요

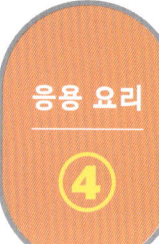

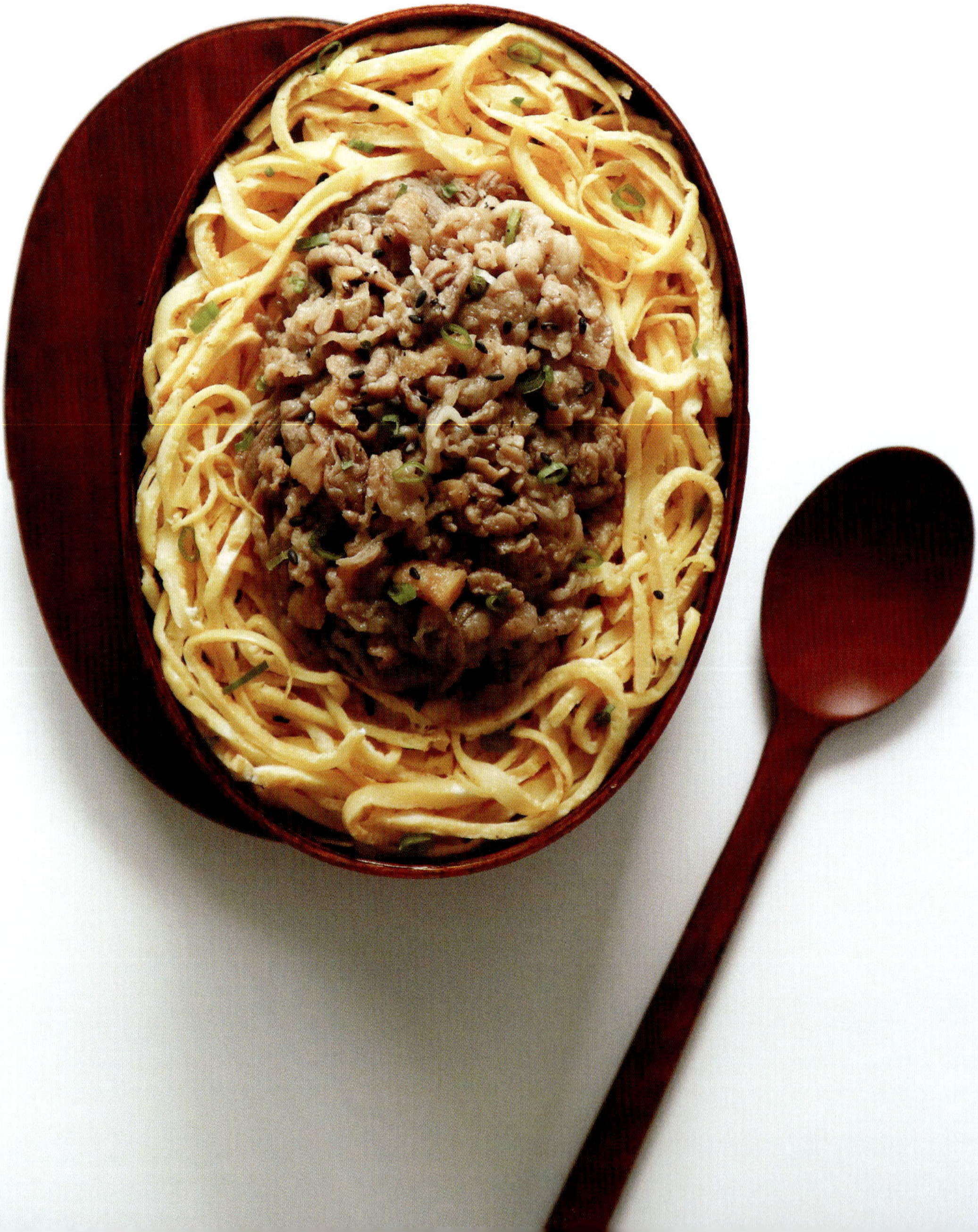

현미밥
1공기(130g)

소분한 소불고기
110g

달걀
1개

쪽파
1줄기

올리브유
1/2큰술

소금
1꼬집

검은깨(또는 통깨)
약간

HOW TO MAKE

2

4

5

6

1 볼에 달걀을 깨트려 넣는다. 소금을 넣고 섞어 달걀물을 만든다.

2 달군 팬에 올리브유를 두르고 달걀물을 붓는다. 약한 불에서 윗면이 마를 때까지 익힌 다음 뒤집어서 불을 끄고 한김 식힌다.

3 쪽파는 송송 썬다.

4 식힌 달걀물은 돌돌 만 뒤 채 썰어 지단을 만든다.

5 밀폐용기에 현미밥을 담는다.

6 지단과 소불고기를 올린 뒤 쪽파와 검은깨를 뿌린다.

Tip 지단 대신 장조림달걀을 넣어도 좋고, 샐러드채소나 어린잎채소를 추가해도 든든해요.

불고기볶음밥

냉장고에 있는 자투리 채소를 마음껏 응용해요

현미밥 1공기(130g)	소분한 소불고기 110g	빨강·노랑 파프리카 1/7개씩(60g)	대파 1/5대(20g)	굴소스 1/2큰술	올리브유 1큰술	검은깨(또는 통깨) 약간

HOW TO MAKE

1 대파는 송송 썰고, 빨강·노랑 파프리카는 잘게 다진다.

2 팬에 올리브유를 두른다. 대파를 넣고 약한 불에서 볶아 파기름을 낸다.

3 파프리카를 넣고 중간 불에서 숨이 살짝 죽을 때까지 볶는다.

4 현미밥과 소불고기, 굴소스를 넣고 볶은 뒤 밀폐용기에 담고, 검은깨를 뿌린다.

Tip 소불고기가 크면 작게 잘라서 요리해요.

55

2주차 밀프렙 식단 한눈에 보기

▦ 장보기 리스트 ▦

- ☐ 통밀식빵 1장
- ☐ 통밀모닝빵 2개
- ☐ 통밀또띠아 1장
- ☐ 고구마 5~7개(1kg)
- ☐ 캔 옥수수 200g
- ☐ 닭가슴살 햄 50g
- ☐ 달걀 2개
- ☐ 슬라이스 치즈 4장
- ☐ 모차렐라 치즈 1봉지
- ☐ 플레인 요거트 1통(80g)
- ☐ 어린잎채소 1팩(100g)
- ☐ 슬라이스 블랙올리브 1캔
- ☐ 견과류 50g

* 남는 식재료는 볶음밥이나 주먹밥, 샌드위치,
또띠아롤 등 다른 레시피에 활용해요.

 고구마샐러드

1 고구마모닝빵샌드위치

2 떠먹는 고구마피자

3 고구마에그슬럿

4 고구마퀘사디아

5 고구마오픈샌드위치

고구마샐러드

착한 탄수화물의 대명사, 고구마!

고구마
5~7개(1kg)

플레인 요거트
5큰술

캔 옥수수
200g

견과류
2줌(40~50g)

HOW TO MAKE

2

3

4

5

1 고구마는 흐르는 물에 깨끗이 씻는다. 캔 옥수수는 체에 밭쳐 물기를 뺀다.

2 냄비에 찜기를 놓고 고구마를 넣는다. 중간 불에서 완전히 익을 때까지 40분간 찐다.

3 견과류는 칼로 잘게 다진다.

4 고구마의 껍질을 벗긴 뒤 큰 볼에 담는다.

5 캔 옥수수와 견과류, 플레인 요거트를 넣고 으깨며 섞은 뒤 소분한다.

 Tip • 고구마가 너무 퍽퍽하면 플레인 요거트를 더 넣어요.
      • 응용 요리를 만들고 고구마샐러드가 남으면 다른 레시피에
        활용하거나 사이드 메뉴로 곁들여 먹어요.

응용 요리 ①

고구마모닝빵샌드위치

당 지수가 낮은 고구마샐러드로 흡수 속도를 늦춰요

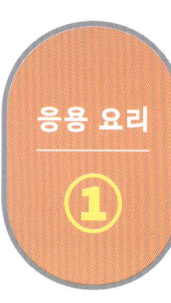

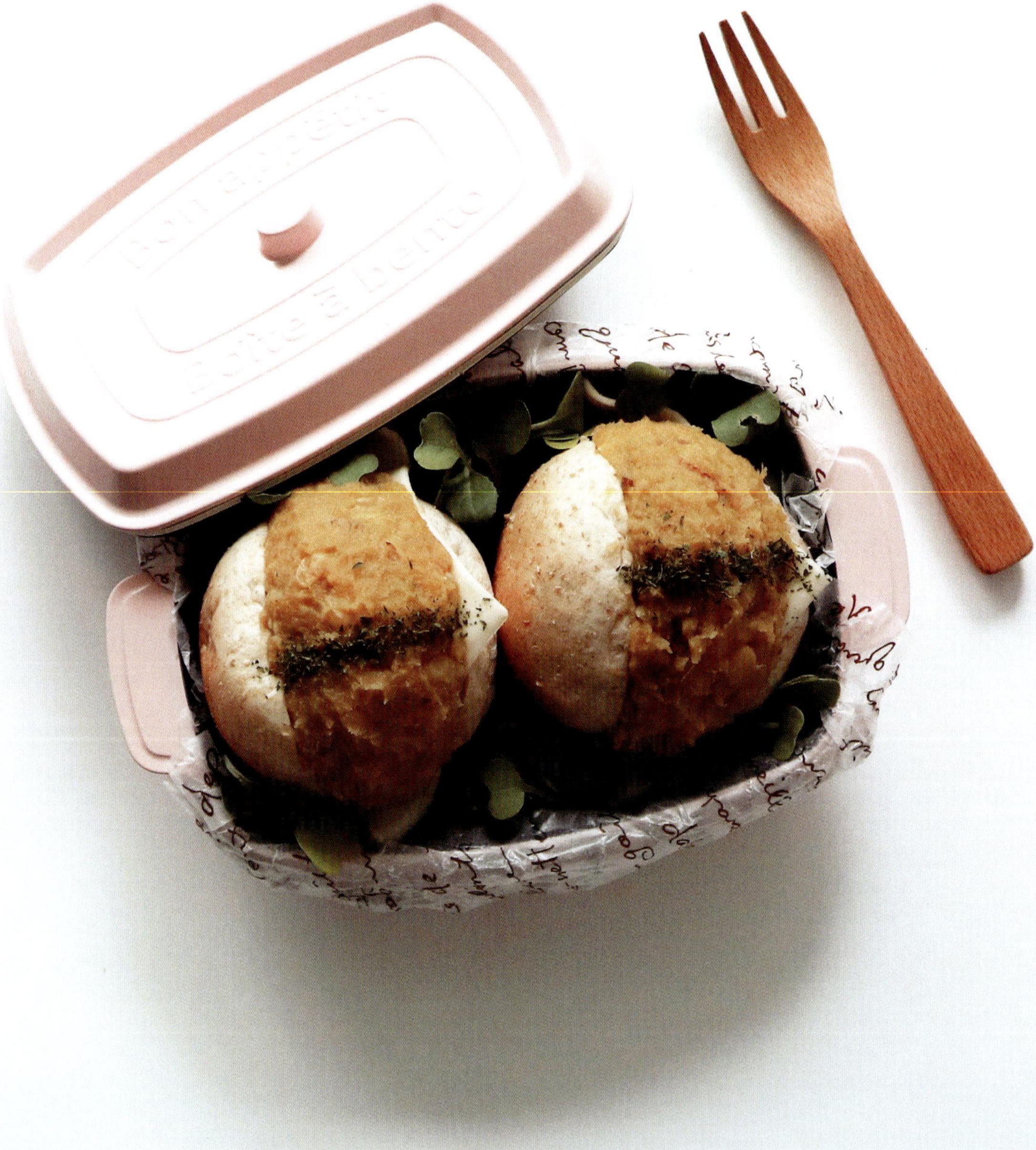

통밀모닝빵
2개

소분한 고구마샐러드
200g

슬라이스 치즈
1장

어린잎채소
1줌(20g)

파슬리가루
약간(생략 가능)

HOW TO MAKE

1 통밀모닝빵은 끝부분만 살짝 남긴 뒤 가로로 칼집을 내고, 슬라이스 치즈는 삼각형으로 자른다.

2 통밀모닝빵 사이에 슬라이스 치즈를 끼우고 고구마샐러드를 채운다.

3 밀폐용기에 어린잎채소와 고구마모닝빵샌드위치를 담고, 파슬리가루를 뿌린다.

Tip 랩을 씌운 뒤 냉장실에 넣어 보관하면 촉촉하게 먹을 수 있어요.

응용 요리

②

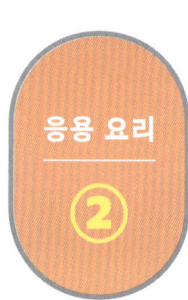

떠먹는 고구마피자

다이어트의 정석 식재료, 고구마를 새롭게 만나요

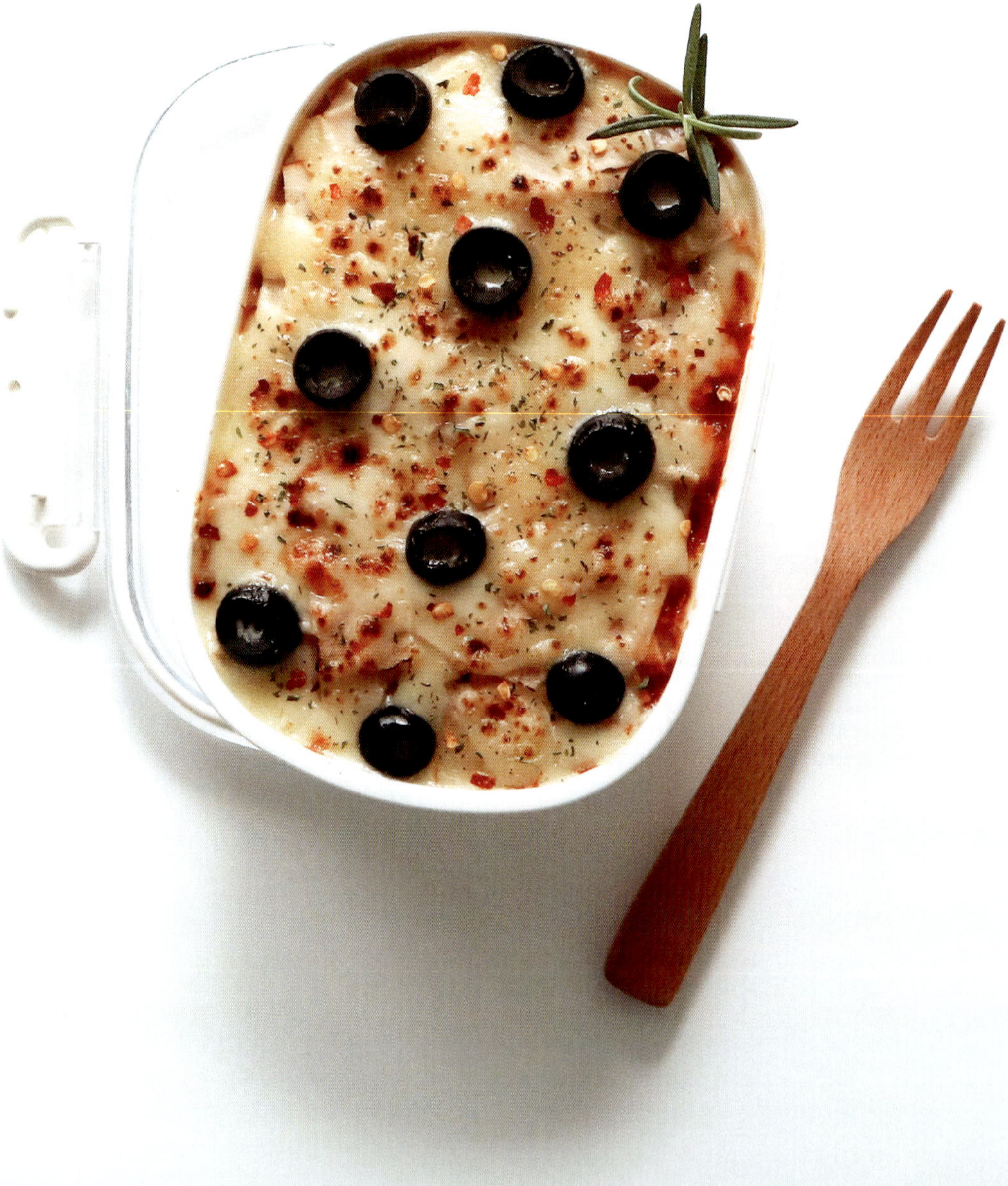

소분한 고구마샐러드
200g

닭가슴살 햄
50g

모차렐라 치즈
2큰술

슬라이스
블랙올리브
약간

토마토소스
2큰술

크러쉬드레드페퍼홀·
파슬리가루
약간씩(생략 가능)

HOW TO MAKE

1 닭가슴살 햄은 한입 크기로 썬다.

2 내열용기에 고구마샐러드를 담는다.

3 토마토소스를 펴 바른 뒤 닭가슴살 햄과 모차렐라 치즈, 슬라이스 블랙올리브를 올린다.

4 전자레인지에 넣고 5분간 익힌다.

5 크러쉬드레드페퍼홀과 파슬리가루를 뿌린다.

Tip • 도시락으로 쌀 때는 과정 3번까지만 준비한 뒤 먹기 직전 전자레인지에 넣고 익혀요.
      • 전자레인지마다 전력이 다르니 중간중간 잘 익었나 확인해요.

응용 요리

③

고구마에그슬럿

몸 속 나트륨을 배출시키고 부기를 제거해요

소분한 고구마샐러드
200g

달걀
1개

슬라이스 치즈
1장

크러쉬드레드페퍼홀
약간(생략 가능)

HOW TO MAKE

1 내열용기에 고구마샐러드를 담는다.

2 슬라이스 치즈를 올린다.

3 달걀을 깨트려 넣은 뒤 이쑤시개나 포크로 노른자를 여러 번 찌른다.

4 전자레인지에 넣고 2~3분간 익힌 뒤 크러쉬드레드페퍼홀을 뿌린다.

응용 요리 ④

고구마퀘사디아

식이섬유가 많아 장 활동을 활발하게 만들어요

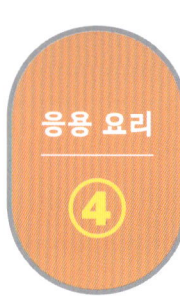

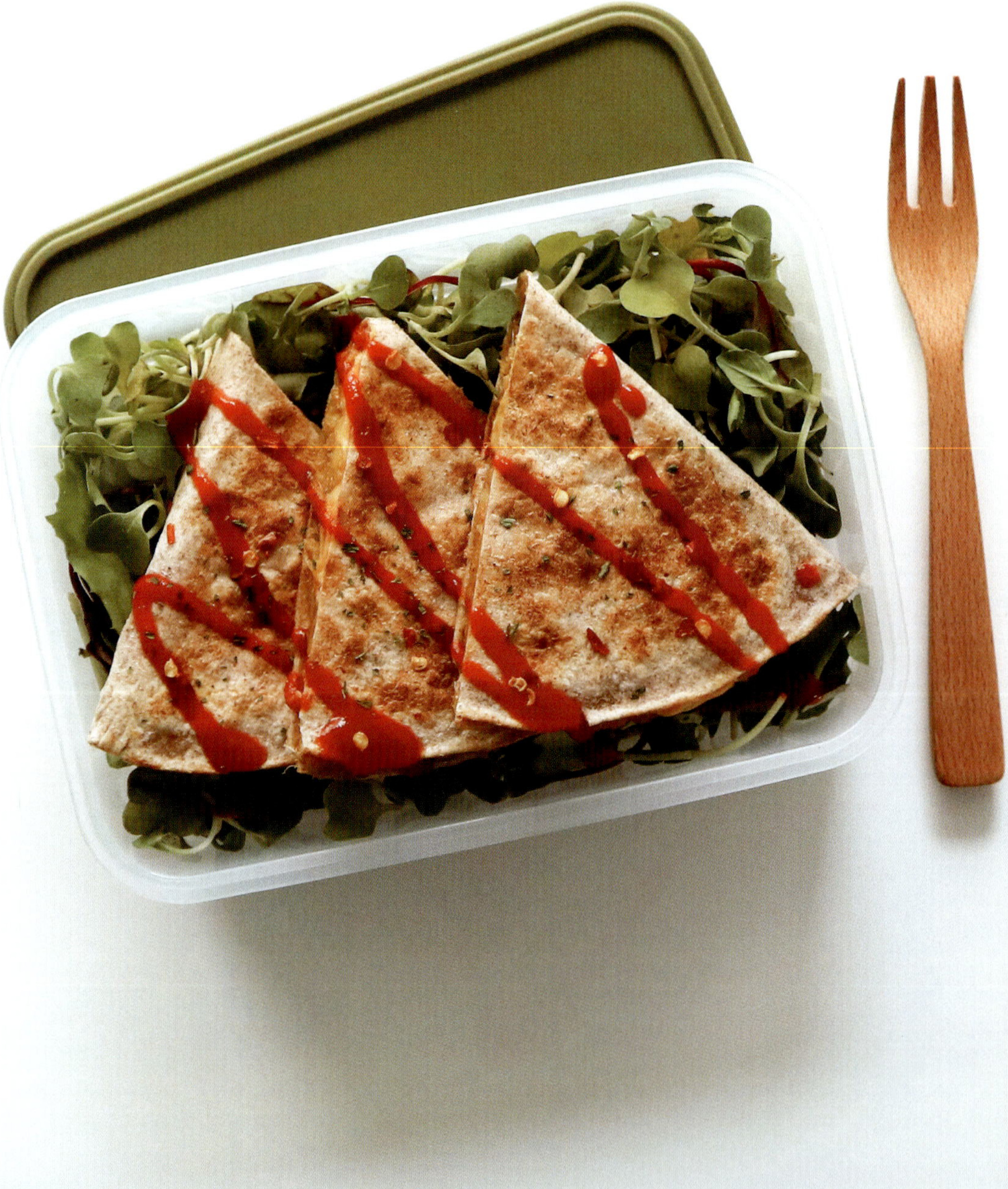

통밀또띠아
1장

소분한 고구마샐러드
200g

슬라이스 치즈
1장

어린잎채소
1줌(20g)

스리라차소스·크러쉬드레드페퍼홀
약간씩(생략 가능)

HOW TO MAKE

1 슬라이스 치즈는 반으로 자른다.

2 통밀또띠아에 슬라이스 치즈를 올린다.

3 통밀또띠아의 절반 지점까지 고구마샐러드를 펴 바른 뒤 반으로 접는다.

4 달군 팬에 통밀또띠아를 넣고 앞뒤로 1~3분씩 굽는다.

5 고구마퀘사디아를 먹기 좋은 크기로 썬다.

6 밀폐용기에 어린잎채소와 고구마퀘사디아를 담고, 스리라차소스와 크러쉬드레드페퍼홀을
　뿌린다.

Tip 스리라차소스 대신 플레인 요거트를 뿌려도 맛있어요.

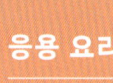

응용 요리 **5**

고구마오픈샌드위치

소화가 천천히 되고 과식을 방지하는 알찬 한끼

통밀식빵	소분한 고구마샐러드	달걀	슬라이스 치즈	크러쉬드레드페퍼홀
1장	200g	1개	1장	약간(생략 가능)

HOW TO MAKE

1 달군 팬에 통밀식빵을 앞뒤로 굽는다.

2 구운 통밀식빵에 슬라이스 치즈를 올린다.

3 고구마샐러드를 얇게 펴 바른 뒤 식빵 테두리를 따라 도넛 모양으로 쌓는다.

4 고구마샐러드 가운데에 달걀을 깨트려 넣은 뒤 이쑤시개나 포크로 노른자를 여러 번 찌른다.

5 전자레인지에 넣고 2~3분간 익힌 뒤 밀폐용기에 담는다.

6 크러쉬드레드페퍼홀을 뿌린다.

 Tip • 크러쉬드레드페퍼홀 대신 파슬리가루를 뿌려도 맛있어요.
• 좋아하는 과일이나 샐러드채소를 곁들이면 더욱 든든해요.

⫶⫶ 장보기 리스트 ⫶⫶

- ☐ 김밥 김 3장
- ☐ 통밀또띠아 1장
- ☐ 닭가슴살 6쪽(600g)
- ☐ 달걀 2개
- ☐ 슬라이스 치즈 2장
- ☐ 아보카도 1개
- ☐ 빨강·노랑 파프리카 1개씩
- ☐ 대파 1대
- ☐ 양배추잎 2장(50g)
- ☐ 청상추 11장
- ☐ 어린잎채소 1팩(100g)
- ☐ 마늘 1봉지(15쪽 이상)
- ☐ 월계수잎 1봉지

* 남는 식재료는 볶음밥이나 주먹밥, 샌드위치,
또띠아롤 등 다른 레시피에 활용해요.

 닭가슴살장조림

1

닭가슴살또띠아롤

2

닭가슴살아보카도비빔밥

3

닭가슴살양배추달걀덮밥

4

닭가슴살김밥

5

닭가슴살밥샌드위치

닭가슴살장조림

퍽퍽함 NO, 감칠맛 나는 장조림으로 변신한 닭가슴살

| 닭가슴살 6쪽(600g) | 삶은 달걀 1개 | 대파 1대(100g) | 마늘 15쪽 | 월계수잎 4~5장 | 통후추 약간 | 간장 10큰술 | 알룰로스올리고당 3큰술 | 알룰로스설탕 5큰술 | 물 360ml |

HOW TO MAKE

1   냄비에 닭가슴살을 넣고 잠길 정도로 물을 붓는다. 물이 끓어오르면 마늘 5쪽, 월계수잎, 통후추를 넣고 20분간 삶는다.

2   닭가슴살은 건져서 한입 크기로 찢는다.

3   다시 냄비에 분량의 물을 붓는다. 닭가슴살과 나머지 재료를 모두 넣고 중간 불에서 자작해질 때까지 15~20분간 조린다.

4   한김 식힌 뒤 소분한다.

 Tip
- 매운 고추를 함께 조려도 맛있어요.
- 삶은 달걀을 더 넣어서 밥반찬으로 먹어도 좋아요.
- 함께 조린 장조림달걀은 닭가슴살양배추달걀덮밥을 만들 때 사용해요.
- 조리고 남은 간장은 덮밥이나 비빔밥에 곁들여요.
- 응용 요리를 만들고 닭가슴살장조림이 남으면 다른 레시피에 활용하거나 밥반찬으로 먹어요.

닭가슴살 **또띠아롤**

간단하게 만들어서 배불리 먹어요

통밀또띠아
1장

소분한 닭가슴살장조림
100g

슬라이스 치즈
1장

빨강·노랑 파프리카
1/7개씩(60g)

청상추
5장

크러쉬드레드페퍼홀
약간(생략 가능)

HOW TO MAKE

1 청상추는 흐르는 물에 씻은 뒤 물기를 털어낸다.

2 빨강·노랑 파프리카는 채 썬다.

3 달군 팬에 통밀또띠아를 앞뒤로 5초씩 굽는다.

4 랩을 깔고 구운 통밀또띠아를 올린다. 슬라이스 치즈, 닭가슴살장조림, 파프리카, 청상추
   를 올린다.

5 끝에서부터 돌돌 말고, 랩으로 두 번 정도 감싼 뒤 반으로 어슷 썰어 밀폐용기에 담는다.

6 크러쉬드레드페퍼홀을 뿌린다.

Tip 원하는 채소나 과일을 넣어도 좋아요.

응용 요리 ②

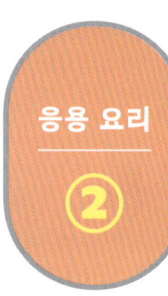

닭가슴살아보카도비빔밥

부드럽고 담백한 맛의 조화가 일품!

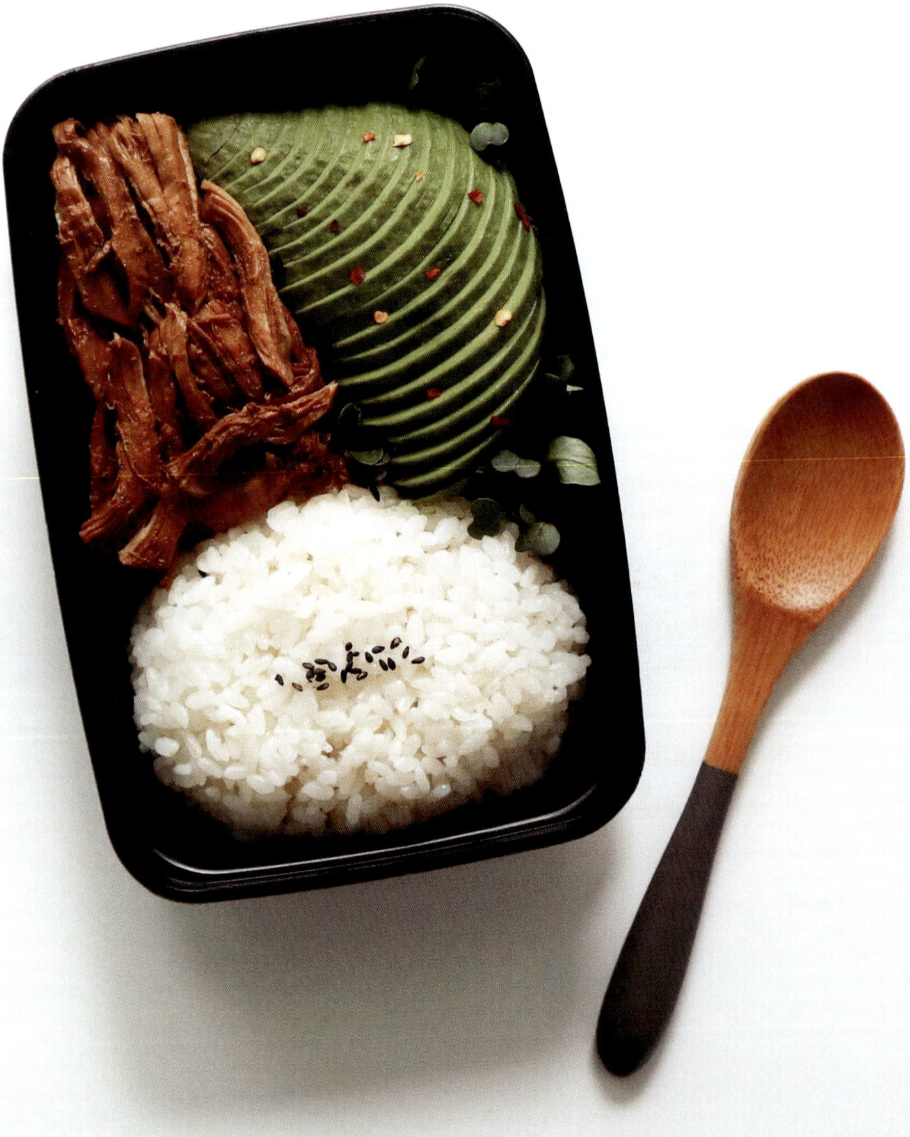

현미밥
1공기(130g)

소분한 닭가슴살장조림
100g

아보카도
1/2개(100g)

어린잎채소
1줌(20g)

크러쉬드레드페퍼홀
약간(생략 가능)

HOW TO MAKE

1 아보카도는 세로로 돌려가며 칼집을 낸다. 양손으로 아보카도를 잡고 비틀어 반으로 가른 뒤 칼로 씨앗을 제거한다.

2 아보카도의 껍질을 벗긴 뒤 0.3cm 두께로 썬다.

3 밀폐용기에 현미밥을 담고, 한쪽에 어린잎채소를 담는다.

4 남은 공간에 닭가슴살장조림을 담고, 어린잎채소 위에 아보카도를 올린 뒤 크러쉬드레드페퍼홀을 뿌린다.

Tip 싱거우면 닭가슴살을 조렸던 장조림간장을 곁들여서 비벼요.

77

응용 요리

3

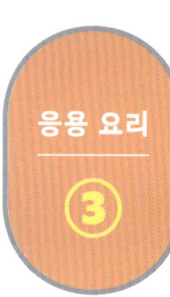

닭가슴살양배추달걀덮밥

혈액을 맑게 만들고 염증을 제거하는 양배추

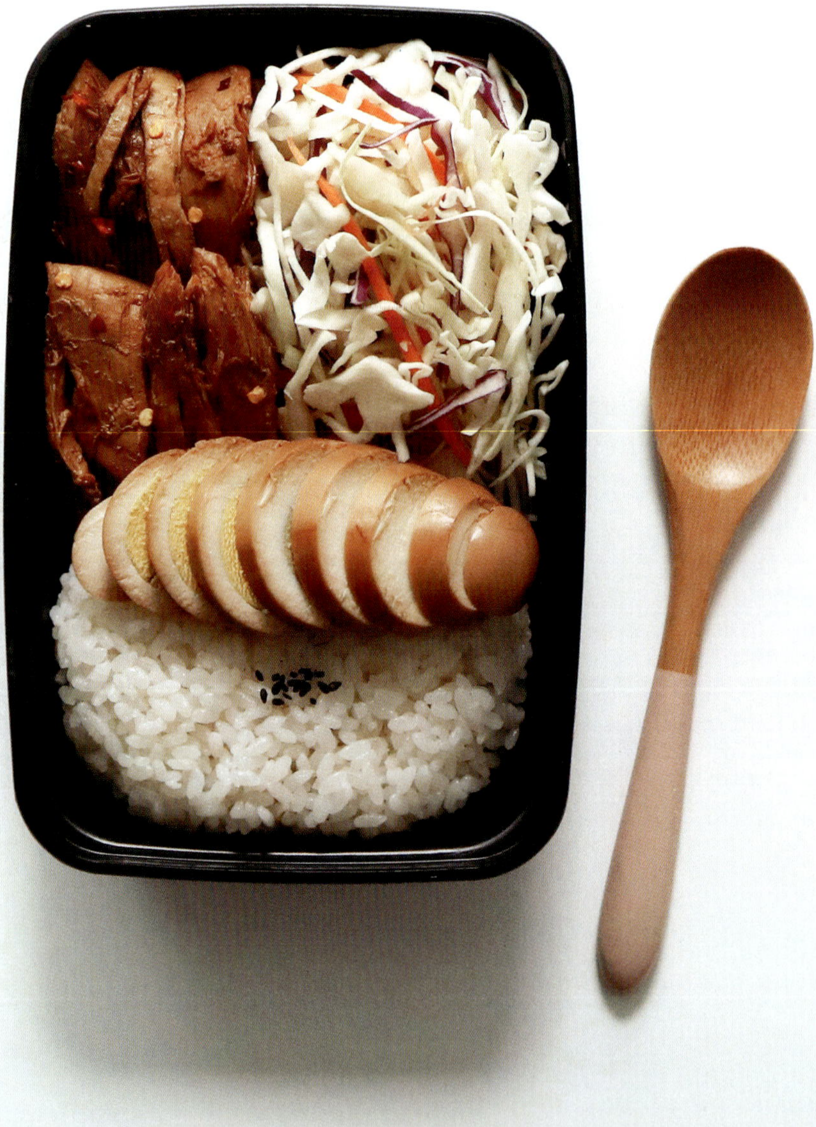

현미밥
1공기(130g)

소분한 닭가슴살장조림
100g

장조림달걀
1개

채 썬 양배추
1줌(50g)

크러쉬드레드페퍼홀
약간(생략 가능)

HOW TO MAKE

1 장조림달걀은 동그란 모양을 살려 에그 슬라이서로 자른다.

2 밀폐용기에 현미밥을 담고, 남은 공간에 닭가슴살장조림과 채 썬 양배추를 담는다.

3 자른 장조림달걀을 밥 위에 올린 뒤 크러쉬드레드페퍼홀을 뿌린다.

Tip • 전자레인지에 데워도 양배추의 식감이 좋아요.
　　　 • 싱거우면 닭가슴살을 조렸던 장조림간장을 곁들여서 비벼요.

닭가슴살김밥

담백한 닭가슴살의 맛이 돋보여요

| 김밥 김
1장과 1/2장 | 현미밥
1공기(130g) | 소분한 닭가슴살장조림
100g | 빨강·노랑 파프리카
1/14개씩(30g) | 청상추
3장 | 참기름
1/2큰술 | 소금
1꼬집 | 검은깨(또는 통깨)
약간 |

HOW TO MAKE

1 청상추는 흐르는 물에 씻은 뒤 물기를 털어낸다.

2 빨강·노랑 파프리카는 채 썬다.

3 큰 볼에 현미밥과 참기름, 소금, 검은깨를 넣고 골고루 섞어 양념한다.

4 김발에 거친 면이 위로 올라오도록 김밥 김 1장을 펼치고, 양념한 밥을 얇게 펴 올린 뒤 김밥 김 1/2장을 덮는다.

5 청상추와 닭가슴살장조림, 파프리카를 올린 뒤 돌돌 만다.

6 김발을 펼친 뒤 한입 크기로 썰어 밀폐용기에 담는다.

Tip 양배추, 당근 등 다른 채소를 넣어도 좋아요.

응용 요리 ⑤

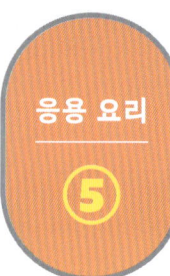

닭가슴살밥샌드위치

조금만 먹어도 배가 부른 단백질 빵빵 샌드위치

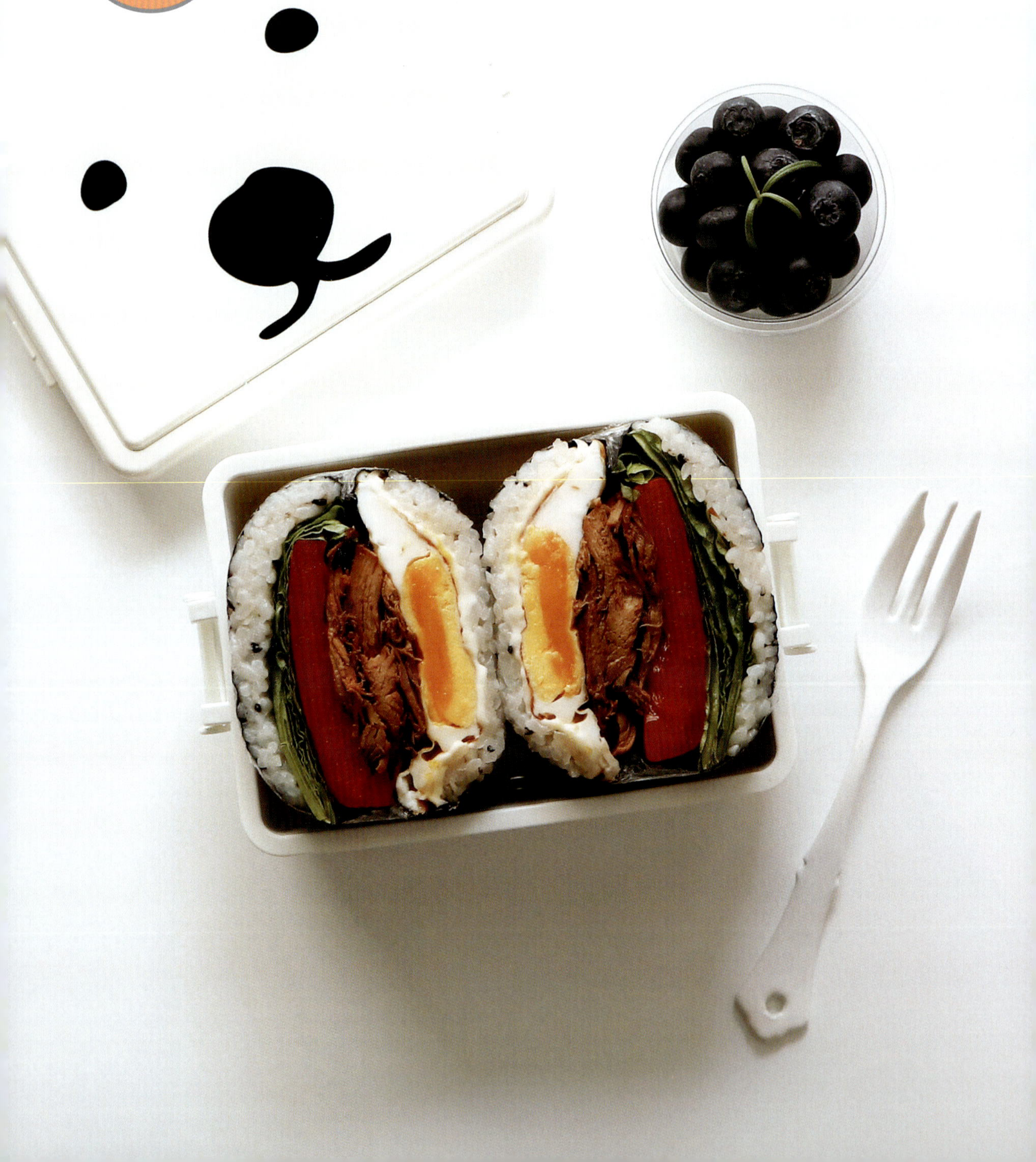

김밥 김	현미밥	소분한	달걀	슬라이스	빨강	청상추	올리브유	참기름	소금	검은깨
1장	3/4공기	닭가슴살장조림	1개	치즈	파프리카	3장	1/2큰술	1/2큰술	1꼬집	(또는 통깨)
	(100g)	60g		1장	1/7개(30g)					약간

HOW TO MAKE

1 청상추는 흐르는 물에 씻은 뒤 물기를 털어낸다. 빨강 파프리카는 넙적하게 자른다.

2 팬에 올리브유를 두르고 달걀을 깨트려 넣어 프라이한 뒤 한김 식힌다.

3 큰 볼에 현미밥과 참기름, 소금, 검은깨를 넣고 골고루 섞어 양념한다.

4 거친 면이 위로 올라오도록 김밥 김을 마름모 모양으로 두고, 양념한 밥 절반 분량을 동그랗고 얇게 펴 올린다.

5 슬라이스 치즈, 달걀프라이, 닭가슴살장조림, 빨강 파프리카, 청상추를 순서대로 올린 뒤 나머지 밥을 동그랗고 얇게 만들어 올린다.

6 김밥 김의 모서리를 가운데로 모아 접은 뒤 두 번 정도 단단히 랩을 씌우고 반으로 잘라 밀폐용기에 담는다.

Tip 달걀프라이가 뜨거우면 다른 재료들이 상해요.

4주차 밀프렙 식단 한눈에 보기

▌▌ 장보기 리스트 ▌▌

- ☐ 통밀식빵 1장
- ☐ 통밀또띠아 2장
- ☐ 크래미 25개(450g)
- ☐ 달걀 3개
- ☐ 슬라이스 치즈 4장
- ☐ 토마토 1개(120g)
- ☐ 당근 1개(200g)
- ☐ 양파 1개(200g)
- ☐ 빨강·노랑 파프리카 1개씩
- ☐ 양배추잎 2장(50g)
- ☐ 청상추 16장
- ☐ 어린잎채소 1팩(100g)

* 남는 식재료는 볶음밥이나 주먹밥, 샌드위치,
또띠아롤 등 다른 레시피에 활용해요.

 크래미샐러드

1 크래미언위치

2 크래미또띠아갈레트

3 크래미오픈샌드위치

4 크래미또띠아롤

5 크래미양파덮밥

크래미 샐러드

단백질 함량이 높은 상큼 샐러드!

크래미
25개(450g)

당근
1/10개(20g)

양배추잎
2장(50g)

하프마요네즈
3큰술

HOW TO MAKE

1 크래미는 잘게 찢고, 당근과 양배추는 채 썬다.

2 큰 볼에 크래미와 당근, 양배추, 하프마요네즈를 넣고 골고루 섞은 뒤 소분한다.

Tip • 채소는 최대한 물기 없는 상태로 넣어야 오래 보관할 수 있고 맛있어요.
• 하프마요네즈 대신 플레인 요거트를 넣어도 돼요.
• 응용 요리를 만들고 크래미샐러드가 남으면 다른 레시피에 활용하거나 사이드 메뉴로 곁들여 먹어요.

응용 요리 ①

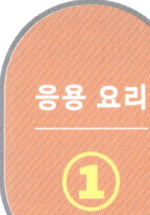

크래미언위치

빵 없이 즐기는 무탄수화물 샌드위치

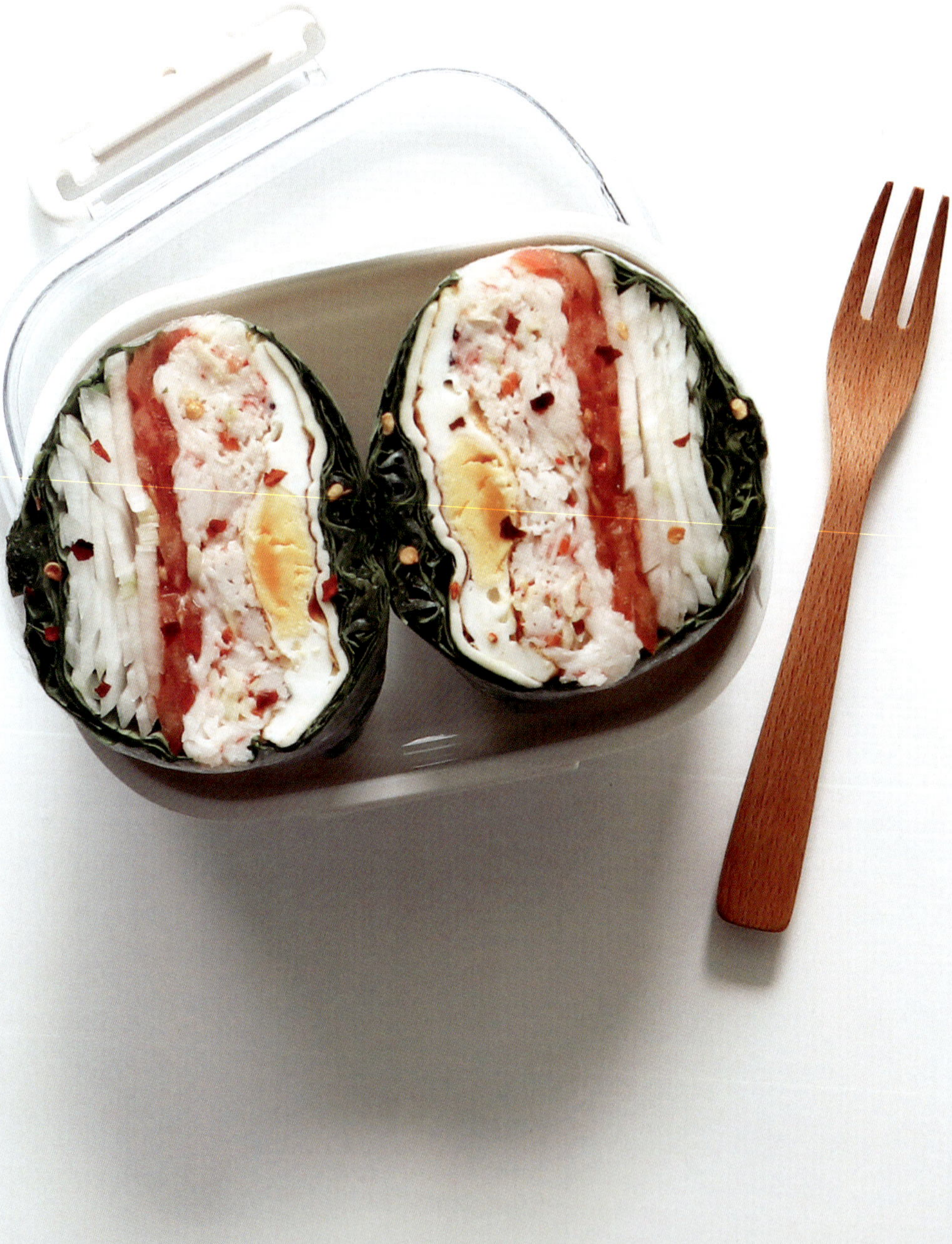

소분한 크래미샐러드
100g

달걀
1개

슬라이스 치즈
1장

토마토
1/4개(30g)

양파
1/7개(30g)

청상추
10장

올리브유
1/2큰술

크러쉬드레드페퍼홀
약간(생략 가능)

HOW TO MAKE

1 청상추는 흐르는 물에 씻은 뒤 물기를 털어낸다.

2 팬에 올리브유를 두르고 달걀을 깨트려 넣어 프라이한다.

3 토마토와 양파는 0.3cm 두께로 슬라이스한다.

4 토마토는 키친타월에 올려 물기를 살짝 제거하고, 양파는 찬물에 10분간 담가 매운맛을 뺀 뒤 키친타월에 올려 물기를 제거한다.

5 랩을 깔고 청상추를 절반으로 나눠 올린다. 같은 크기가 되도록 접어서 모양을 만든다.

6 청상추 한쪽에 슬라이스 치즈, 달걀프라이, 크래미샐러드, 토마토, 양파를 순서대로 올린다.

7 나머지 청상추로 덮는다.

8 두 번 정도 단단히 랩을 씌운 뒤 반으로 잘라 밀폐용기에 담고, 크러쉬드레드페퍼홀을 뿌린다.

응용 요리

②

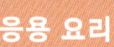

크래미또띠아갈레트

또띠아의 이색적인 변신, 갈레트!

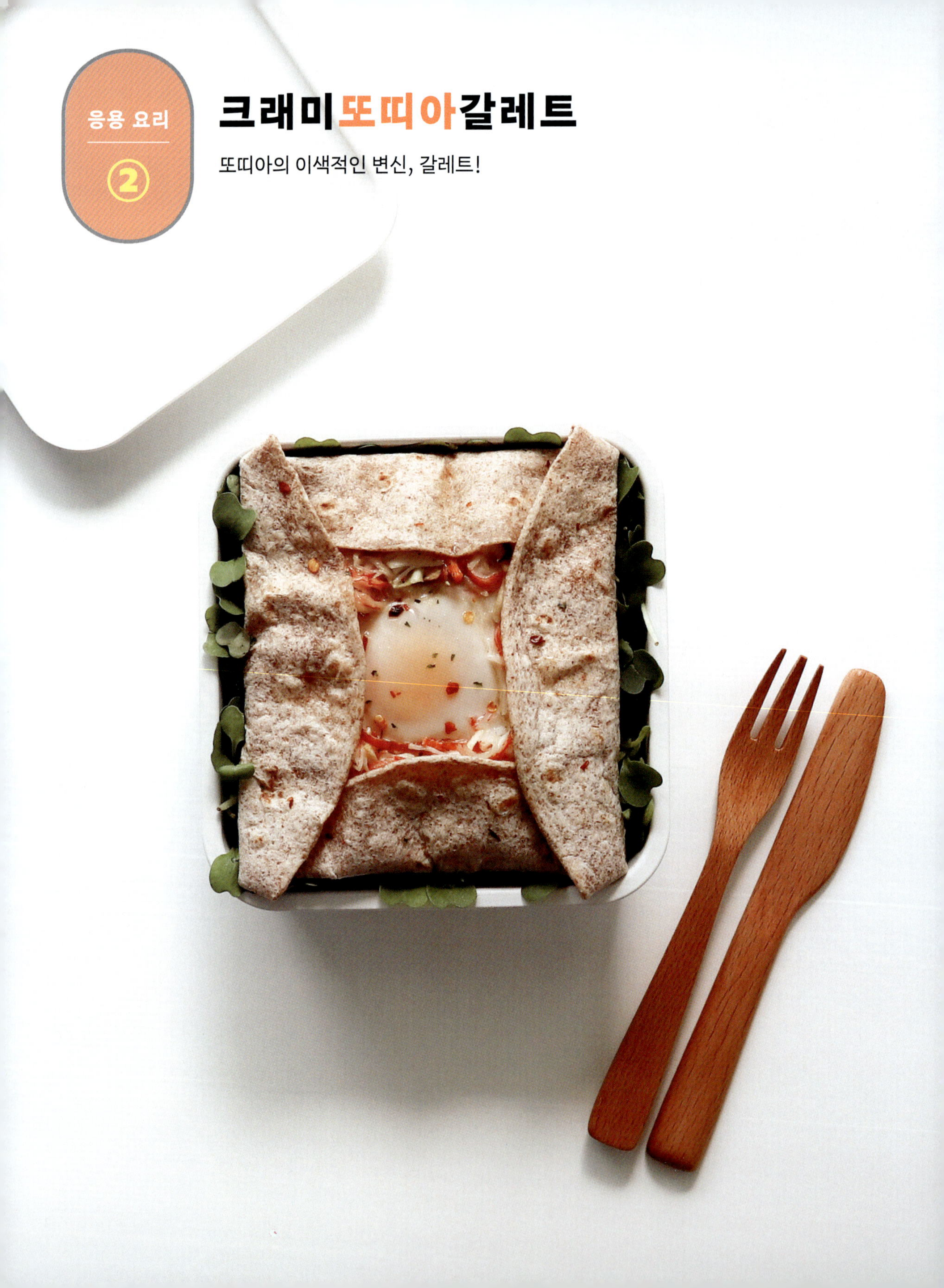

| 통밀또띠아
1장 | 소분한 크래미샐러드
100g | 달걀
1개 | 슬라이스 치즈
1장 | 어린잎채소
1줌(20g) | 크러쉬드레드페퍼홀
약간(생략 가능) |

HOW TO MAKE

1 달군 팬에 통밀또띠아를 넣는다. 슬라이스 치즈를 올린 뒤 크래미샐러드를 도넛 모양으로 쌓는다.

2 크래미샐러드 가운데에 달걀을 깨트려 넣은 뒤 통밀또띠아를 위아래, 좌우로 접는다.

3 약한 불에서 통밀또띠아의 가장자리를 살짝살짝 눌러가며 익힌 뒤 불을 끄고 한김 식힌다.

4 밀폐용기에 어린잎채소와 크래미또띠아갈레트를 담고, 크러쉬드레드페퍼홀을 뿌린다.

Tip 오븐 토스터에 넣거나 팬 뚜껑을 덮어서 요리하면 속까지 골고루 익어요.

크래미 오픈샌드위치

달걀을 톡 터뜨려 촉촉함을 맛봐요

통밀식빵
1장

소분한 크래미샐러드
100g

달걀
1개

슬라이스 치즈
1장

어린잎채소
1줌(20g)

크러쉬드레드페퍼홀
약간(생략 가능)

HOW TO MAKE

1 달군 팬에 통밀식빵을 앞뒤로 굽는다.

2 구운 통밀식빵에 슬라이스 치즈를 올린다.

3 크래미샐러드를 식빵 테두리를 따라 도넛 모양으로 쌓는다.

4 크래미샐러드 가운데에 달걀을 깨트려 넣은 뒤 이쑤시개나 포크로 노른자를 여러 번 찌른다.

5 전자레인지에 넣고 2~3분간 익힌다.

6 밀폐용기에 어린잎채소와 크래미오픈샌드위치를 담고, 크러쉬드레드페퍼홀을 뿌린다.

Tip 오븐 토스터에 넣거나 팬 뚜껑을 덮어서 익혀도 돼요.

응용 요리

④

크래미 또띠아롤

10분이면 완성되는 초간단 메뉴

통밀또띠아
1장

소분한 크래미샐러드
100g

슬라이스 치즈
1장

빨강·노랑 파프리카
1/7개씩(60g)

청상추
6장

크러쉬드레드페퍼홀
약간(생략 가능)

HOW TO MAKE

1 청상추는 흐르는 물에 씻은 뒤 물기를 털어낸다.

2 빨강·노랑 파프리카는 채 썬다.

3 달군 팬에 통밀또띠아를 앞뒤로 5초씩 굽는다.

4 랩을 깔고 구운 통밀또띠아를 올린다. 슬라이스 치즈, 크래미샐러드, 파프리카, 청상추를 올린다.

5 끝에서부터 돌돌 말고, 랩으로 두 번 정도 감싼 뒤 반으로 어슷 썰어 밀폐용기에 담는다. 크러쉬드레드페퍼홀을 뿌린다.

응용 요리

5

크래미양파덮밥

콜레스테롤 축적을 막는 양파를 맛있게 먹는 방법!

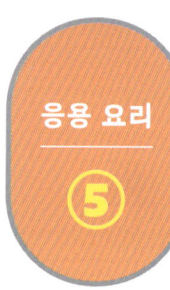

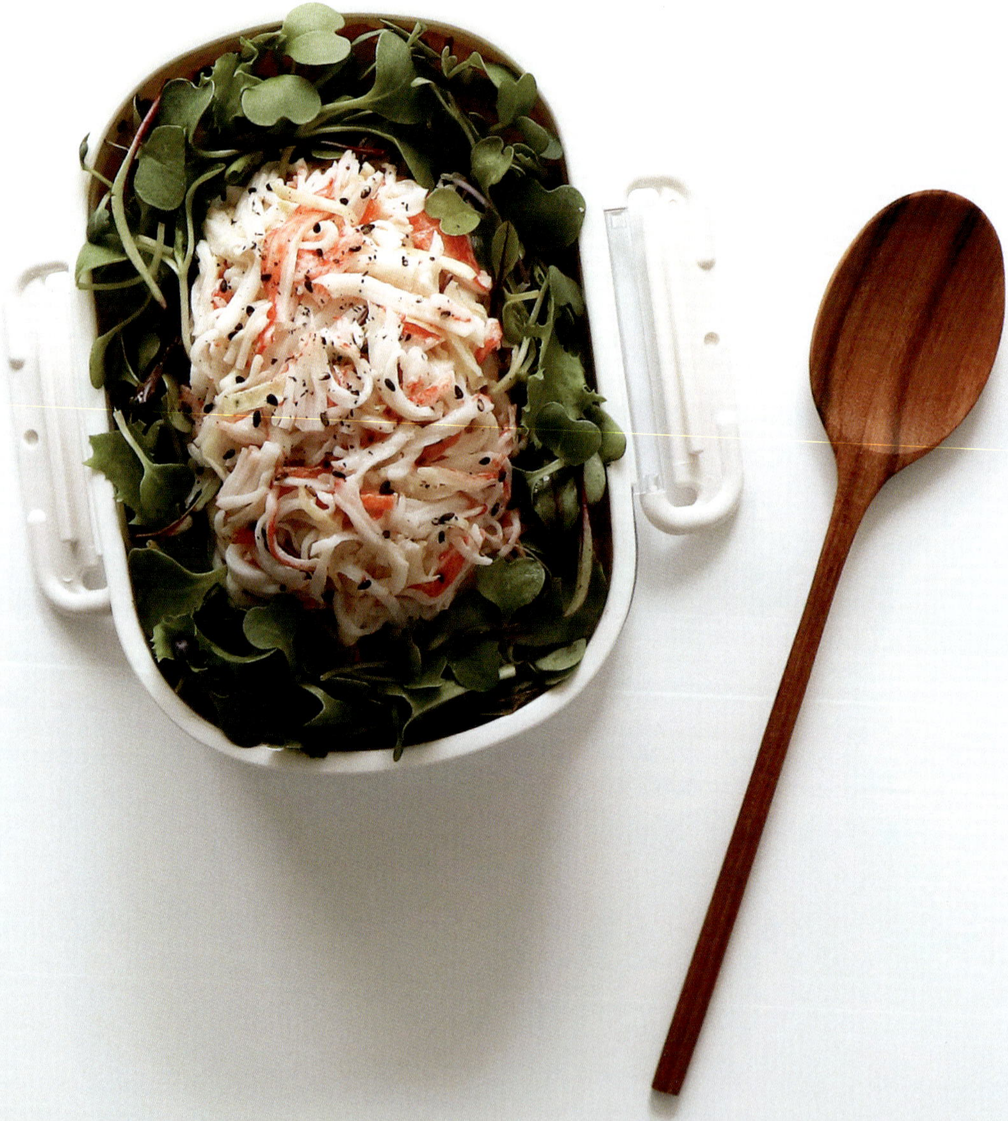

현미밥
1공기(130g)

소분한 크래미샐러드
100g

양파
1/2개(100g)

어린잎채소
1줌(20g)

굴소스
1/2큰술

올리브유
1큰술

검은깨(또는 통깨)·
파슬리가루
약간씩

HOW TO MAKE

1 양파는 0.5cm 두께로 채 썬다.

2 팬에 올리브유를 두른다. 양파를 넣고 중간 불에서 투명해질 때까지 볶다가 굴소스를 넣고
   완전히 익을 때까지 볶는다.

3 밀폐용기에 현미밥을 담고, 볶은 양파를 올린다.

4 어린잎채소와 크래미샐러드를 올린 뒤 검은깨와 파슬리가루를 뿌린다.

Tip 양파 대신 양배추를 볶으면 크래미양배추덮밥이 돼요.

5주차 밀프렙 식단 한눈에 보기

||| 장보기 리스트 |||

- ☐ 통밀식빵 2장
- ☐ 통밀빵 1장
- ☐ 돼지고기(앞다리살/불고기용) 600g
- ☐ 달걀 2개
- ☐ 슬라이스 치즈 1장
- ☐ 빨강·노랑 파프리카 1개씩
- ☐ 대파 1대
- ☐ 청상추 5장
- ☐ 샐러드채소 1팩(100g)
- ☐ 어린잎채소 1팩(100g)
- ☐ 새싹채소 1팩(100g)
- ☐ 방울토마토 3개
- ☐ 다진 마늘 1큰술

*남는 식재료는 볶음밥이나 주먹밥, 샌드위치,
또띠아롤 등 다른 레시피에 활용해요.

 매콤돼지불고기

1 매콤불고기샐러드

2 매콤불고기샌드위치

3 매콤불고기샐러드덮밥

4 매콤불고기새싹비빔밥

5 매콤불고기볶음밥

밀프렙
세트

5

매콤돼지불고기

푸짐하고 먹음직스러운 단백질 요리의 끝판왕!

돼지고기(앞다리살)
600g

간장
5큰술

알룰로스
올리고당
1큰술

고춧가루
3큰술

알룰로스
설탕
2큰술

다진 마늘
1큰술

참기름
1큰술

검은깨(또는 통깨)·
후춧가루
약간씩

HOW TO MAKE

1 큰 볼에 검은깨를 뺀 나머지 재료를 모두 넣고 골고루 버무린다.

2 팬에 버무린 돼지고기를 넣고 중간 불에서 완전히 익을 때까지 볶은 뒤 검은깨를 뿌린다.

3 한김 식힌 뒤 소분한다.

 Tip • 팬에 올리브유를 살짝 두르고 볶으면 쉽게 타지 않아요.
　　　　• 볶으면서 고기의 수분이 날아가 매콤돼지불고기를 완성하면 550g 정도가 돼요.
　　　　　더 바싹 볶으면 무게가 더 줄어요.

매콤불고기샐러드

샐러드에 임팩트 있는 한 수를 더하다!

| 통밀빵
1장 | 소분한 매콤돼지불고기
110g | 샐러드채소
2줌(100g) | 방울토마토
3개 | 크러쉬드레드페퍼홀
약간(생략 가능) |

HOW TO MAKE

1 샐러드채소는 손으로 한입 크기가 되도록 찢는다. 흐르는 물에 씻은 뒤 체에 밭쳐 물기를 뺀다.

2 달군 팬에 통밀빵을 앞뒤로 굽는다.

3 방울토마토는 반으로 자른다.

4 밀폐용기에 샐러드채소를 담는다. 그 위에 매콤돼지불고기와 방울토마토를 올리고, 크러쉬드레드페퍼홀을 뿌린 뒤 구운 통밀빵을 곁들인다.

 Tip • 발사믹드레싱(발사믹식초 1큰술, 올리브유 1큰술, 꿀 1작은술, 머스터드 1/2큰술, 레몬즙 약간)이 잘 어울려요.
• 좋아하는 드레싱을 곁들여도 돼요

매콤불고기샌드위치

매콤한 불고기가 맛의 균형을 잡아줘요

통밀식빵
2장

소분한 매콤돼지불고기
110g

슬라이스 치즈
1장

빨강·노랑 파프리카
1/8개씩(50g)

청상추
5장

머스터드
1큰술

HOW TO MAKE

1 청상추는 흐르는 물에 씻은 뒤 물기를 털어낸다.

2 빨강·노랑 파프리카는 채 썬다.

3 달군 팬에 통밀식빵을 앞뒤로 굽는다.

4 랩을 깔고 구운 통밀식빵을 올린다. 통밀식빵 양쪽에 머스터드를 펴 바른다.

5 통밀식빵 한쪽에 슬라이스 치즈, 매콤돼지불고기, 파프리카, 청상추를 순서대로 올린다.

6 나머지 통밀식빵을 덮은 뒤 두 번 정도 단단히 랩을 씌운다. 반으로 잘라 밀폐용기에 담는다.

응용 요리

3

매콤불고기샐러드덮밥

풍미가 솔솔 풍기는 맛있는 한 그릇

| 현미밥
1공기(130g) | 소분한 매콤돼지불고기
110g | 달걀
1개 | 어린잎채소
1줌(20g) | 올리브유
1/2큰술 |

HOW TO MAKE

1 팬에 올리브유를 두르고 달걀을 깨트려 넣어 프라이한다.

2 밀폐용기에 현미밥을 담고, 남은 공간에 매콤돼지불고기와 어린잎채소를 담는다.

3 달걀프라이를 밥 위에 올린다.

Tip 어린잎채소를 양상추나 양배추, 샐러드채소, 새싹채소 등으로 대체해도 좋아요.

응용 요리

④

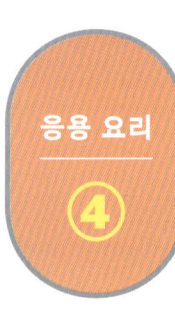

매콤불고기새싹비빔밥

낮은 열량과 높은 식이섬유 함유량을 자랑하는 새싹

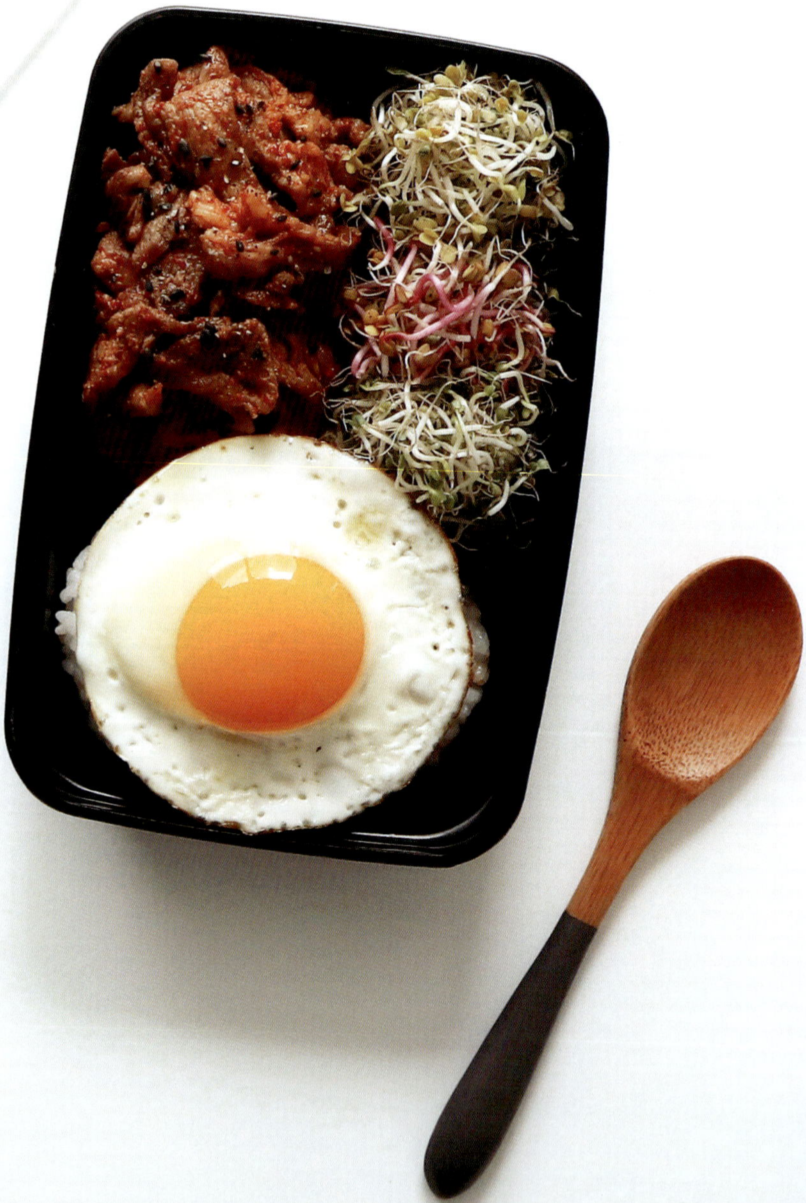

현미밥
1공기(130g)

소분한 매콤돼지불고기
110g

달걀
1개

새싹채소
1줌(30g)

고추장
1/2큰술

올리브유
1/2큰술

참기름
1큰술

HOW TO MAKE

1

2

1 팬에 올리브유를 두르고 달걀을 깨트려 넣어 프라이한다.

2 밀폐용기에 현미밥을 담고, 남은 공간에 매콤돼지불고기와 새싹채소를 담는다.

3 달걀프라이를 밥 위에 올리고, 고추장과 참기름을 곁들인다.

Tip 고추장 대신 간장을 비벼 먹어도 맛있어요.

응용 요리
⑤

매콤불고기볶음밥

자투리 채소를 활용하기 좋아요

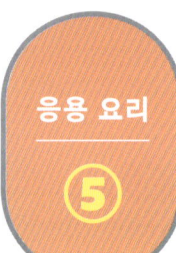

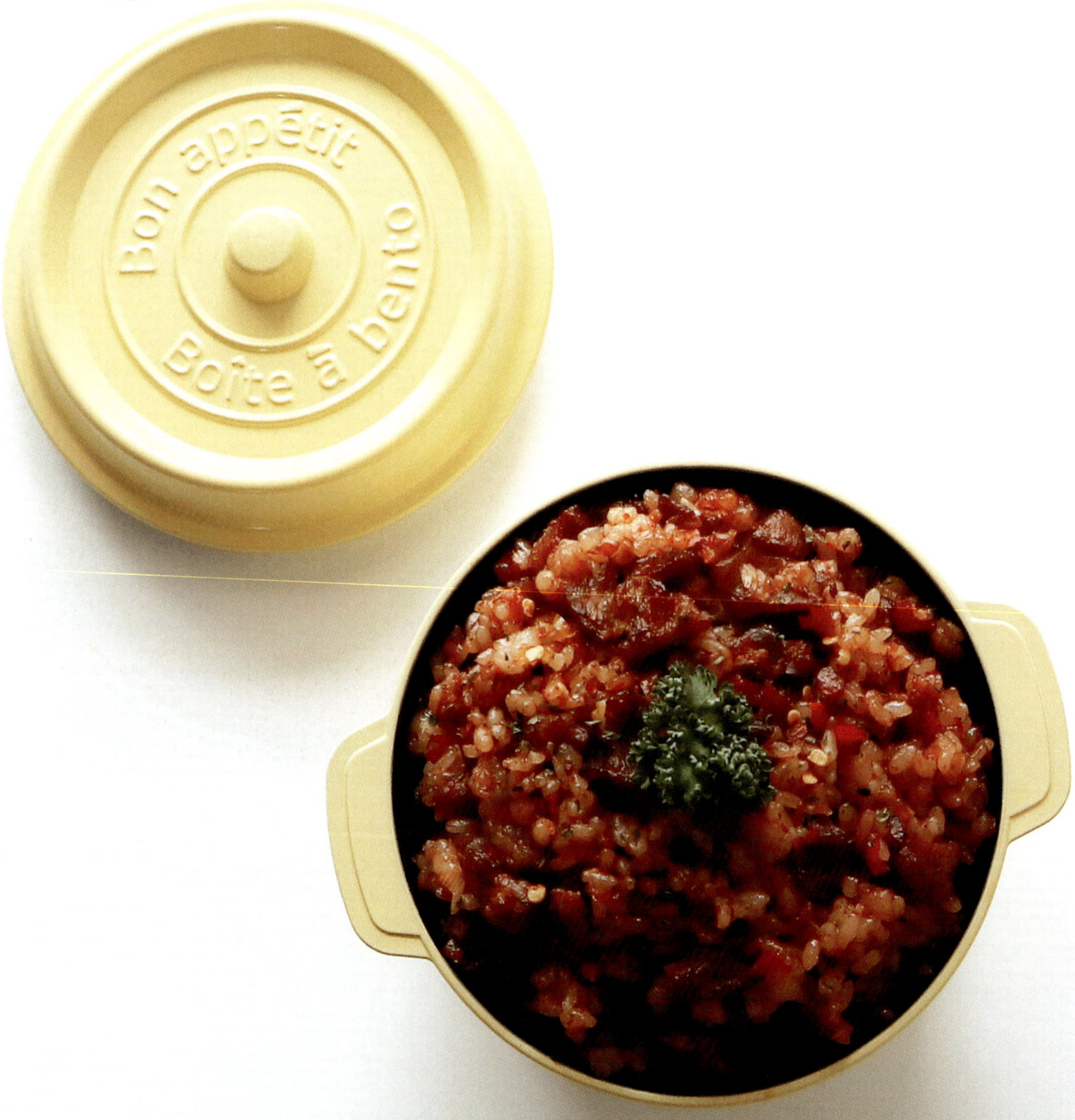

현미밥
1공기(130g)

소분한 매콤돼지불고기
110g

빨강·노랑 파프리카
1/14개씩(30g)

대파
1/5대(20g)

굴소스
1/2큰술

올리브유
1큰술

HOW TO MAKE

1 대파는 송송 썰고, 매콤돼지불고기와 빨강·노랑 파프리카는 잘게 다진다.

2 팬에 올리브유를 두르고 대파를 넣는다. 약한 불에서 볶아 파기름을 낸다.

3 파프리카를 넣고 중간 불에서 살짝 투명해질 때까지 볶는다.

4 현미밥과 매콤돼지불고기, 굴소스를 넣고 볶은 뒤 밀폐용기에 담는다.

Tip 기호에 따라 굴소스를 조절해요.

|||| 장보기 리스트 ||||

- ☐ 통밀식빵 2장
- ☐ 통밀빵 1장
- ☐ 통밀모닝빵 2개
- ☐ 통밀또띠아 1장
- ☐ 유부(주머니 모양) 4장
- ☐ 달걀 10개
- ☐ 슬라이스 치즈 4장
- ☐ 플레인 요거트 1통(80g)
- ☐ 양파 1개(200g)
- ☐ 오이 1개(200g)
- ☐ 빨강·노랑 파프리카 1개씩
- ☐ 청상추 9장
- ☐ 샐러드채소 1팩(100g)
- ☐ 어린잎채소 1팩(100g)
- ☐ 방울토마토 3개
- ☐ 초밥 조미액·플레이크 1개씩

* 남는 식재료는 볶음밥이나 주먹밥, 샌드위치,
또띠아롤 등 다른 레시피에 활용해요.

 # 에그요거트샐러드

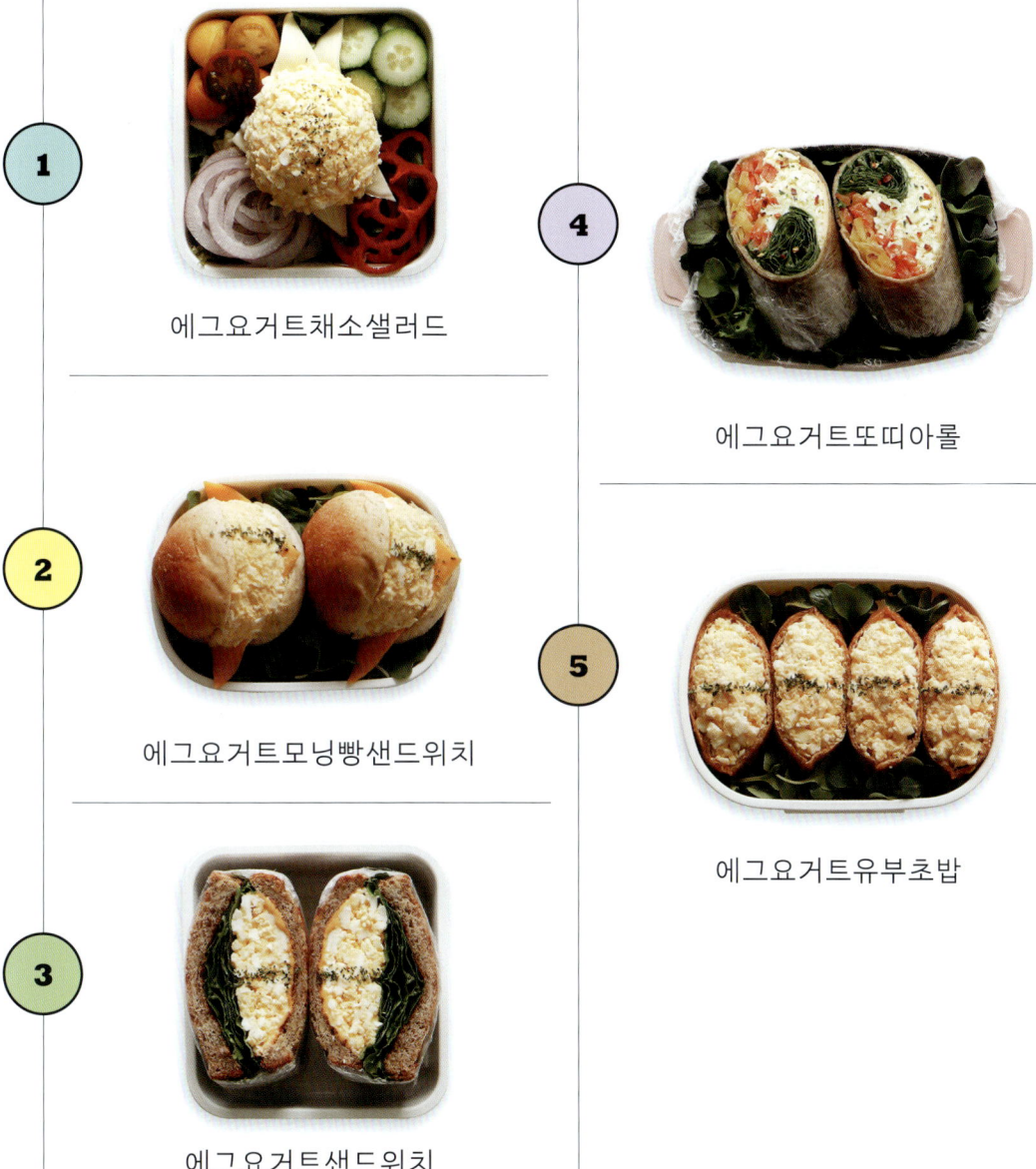

1

에그요거트채소샐러드

2

에그요거트모닝빵샌드위치

3

에그요거트샌드위치

4

에그요거트또띠아롤

5

에그요거트유부초밥

에그요거트샐러드

근육 성장을 돕고 장내 건강을 증진시키는 요거트

달걀	플레인 요거트	식초	알룰로스설탕	소금
10개	1통(80g)	1큰술	1큰술	1/2큰술

HOW TO MAKE

1   냄비에 달걀을 넣고, 달걀이 잠길 정도로 물을 붓는다. 식초와 소금을 넣고 센 불에서 완숙
     이 될 때까지 15~20분간 삶는다.

2   삶은 달걀은 찬물에 담가 한김 식힌 뒤 껍데기를 까서 큰 볼에 담는다.

3   플레인 요거트와 알룰로스설탕을 넣고 으깨며 섞은 뒤 소분한다.

 Tip • 달걀을 전부 깨트렸을 때 총 500g 정도가 되도록 개수를 조절해요(중란 1개는 45~50g).
        • 플레인 요거트 대신 하프마요네즈나 비건마요네즈를 넣어도 맛있어요.
        • 응용 요리를 만들고 에그요거트샐러드가 남으면 다른 레시피에 활용하거나 사이드 메뉴로
          곁들여 먹어요.

응용 요리 ①

에그요거트채소샐러드

탄수화물, 단백질, 비타민, 식이섬유가 골고루!

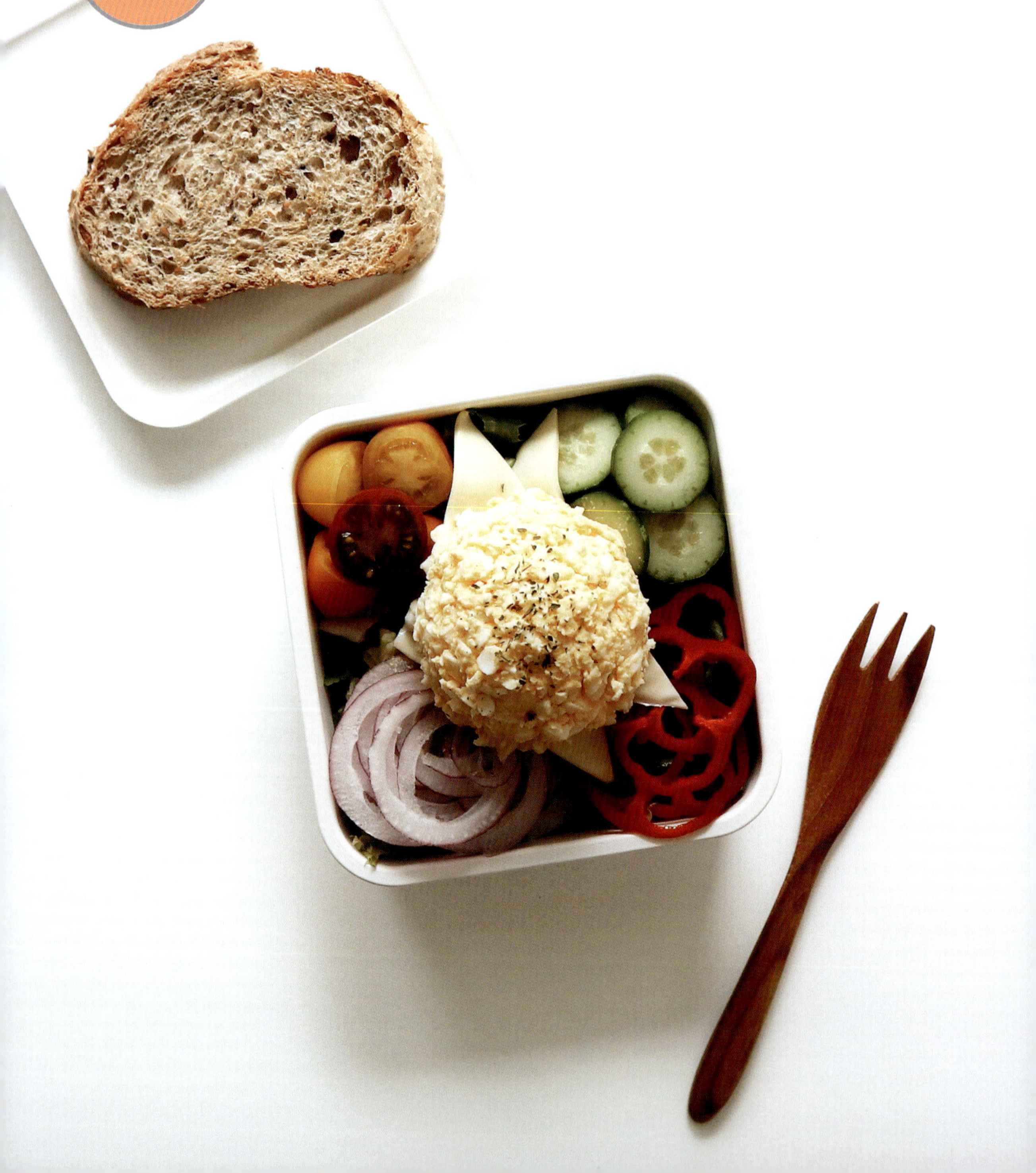

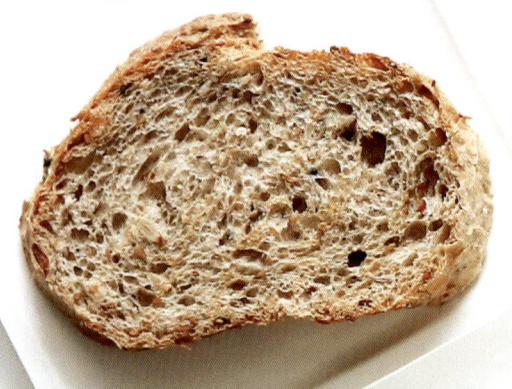

통밀빵
1장

소분한
에그요거트샐러드
100g

슬라이스
치즈
1장

양파
1/14개
(15g)

오이
1/14개
(15g)

빨강
파프리카
1/14개(15g)

샐러드채소
2줌(100g)

방울토마토
3개

파슬리가루
약간
(생략 가능)

HOW TO MAKE

4

5

1 샐러드채소는 손으로 한입 크기가 되도록 찢는다. 흐르는 물에 씻은 뒤 체에 밭쳐 물기를 뺀다.

2 달군 팬에 통밀빵을 앞뒤로 굽는다.

3 양파와 오이, 빨강 파프리카는 슬라이스하고, 방울토마토는 반으로 자른다. 슬라이스 치즈는 삼각형으로 자른다.

4 밀폐용기에 샐러드채소를 담는다. 그 위에 양파와 오이, 빨강 파프리카, 방울토마토를 올린다.

5 슬라이스 치즈와 에그요거트샐러드를 올리고, 파슬리가루를 뿌린 뒤 구운 통밀빵을 곁들인다.

Tip 좋아하는 드레싱을 곁들여요.

응용 요리

②

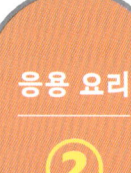

에그요거트모닝빵샌드위치

속이 더부룩하지 않은 고단백 저탄수화물 식사

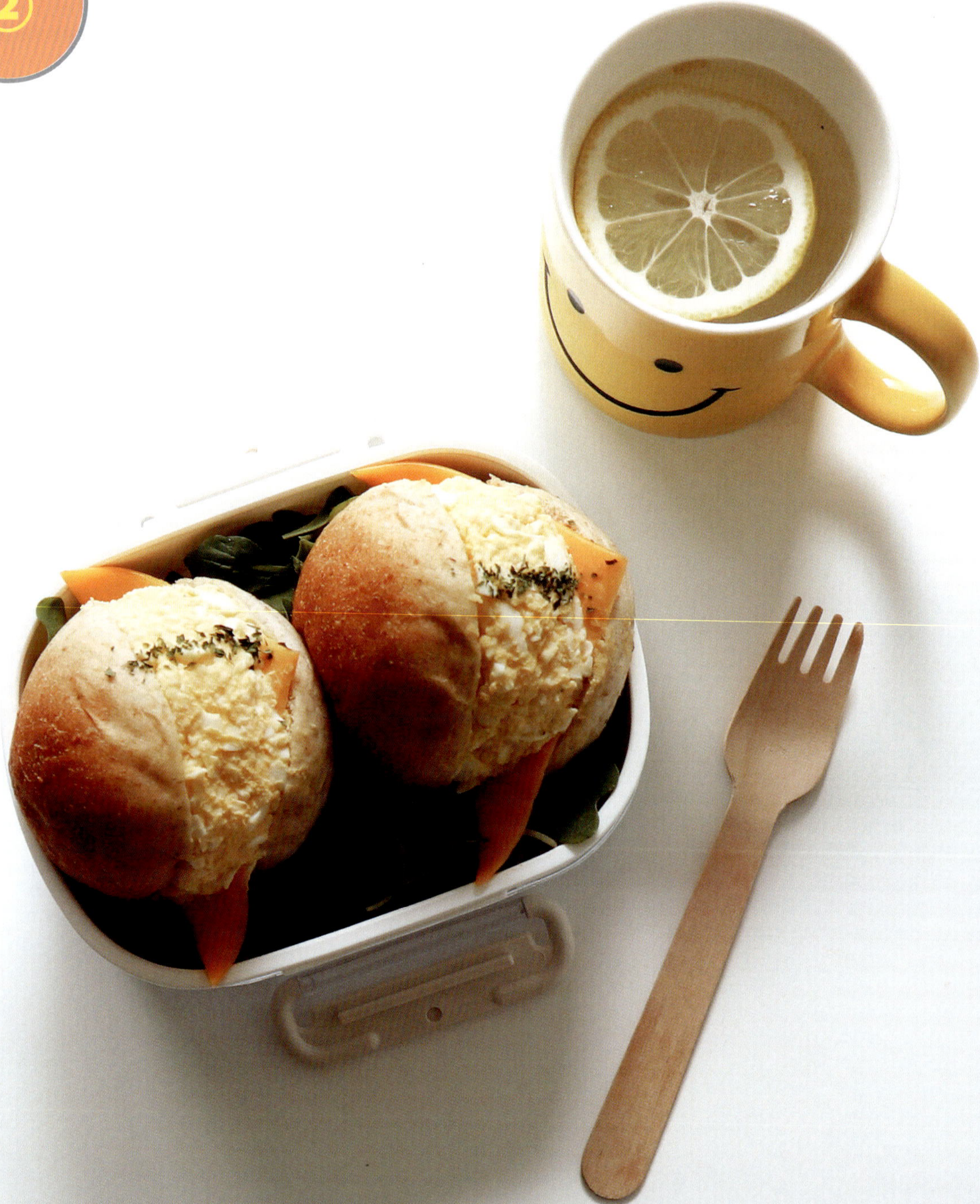

통밀모닝빵
2개

소분한 에그요거트샐러드
100g

슬라이스 치즈
1장

어린잎채소
1줌(20g)

파슬리가루
약간(생략 가능)

HOW TO MAKE

1 통밀모닝빵은 끝부분만 살짝 남긴 뒤 가로로 칼집을 내고, 슬라이스 치즈는 삼각형으로 자른다.

2 통밀모닝빵 사이에 슬라이스 치즈를 끼우고 에그요거트샐러드를 채운다.

3 밀폐용기에 어린잎채소와 에그요거트모닝빵샌드위치를 담고, 파슬리가루를 뿌린다.

응용 요리 ③

에그요거트샌드위치

가볍게 끼니를 해결해주는 저열량 샌드위치

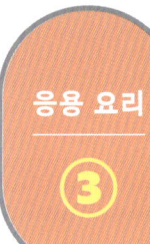

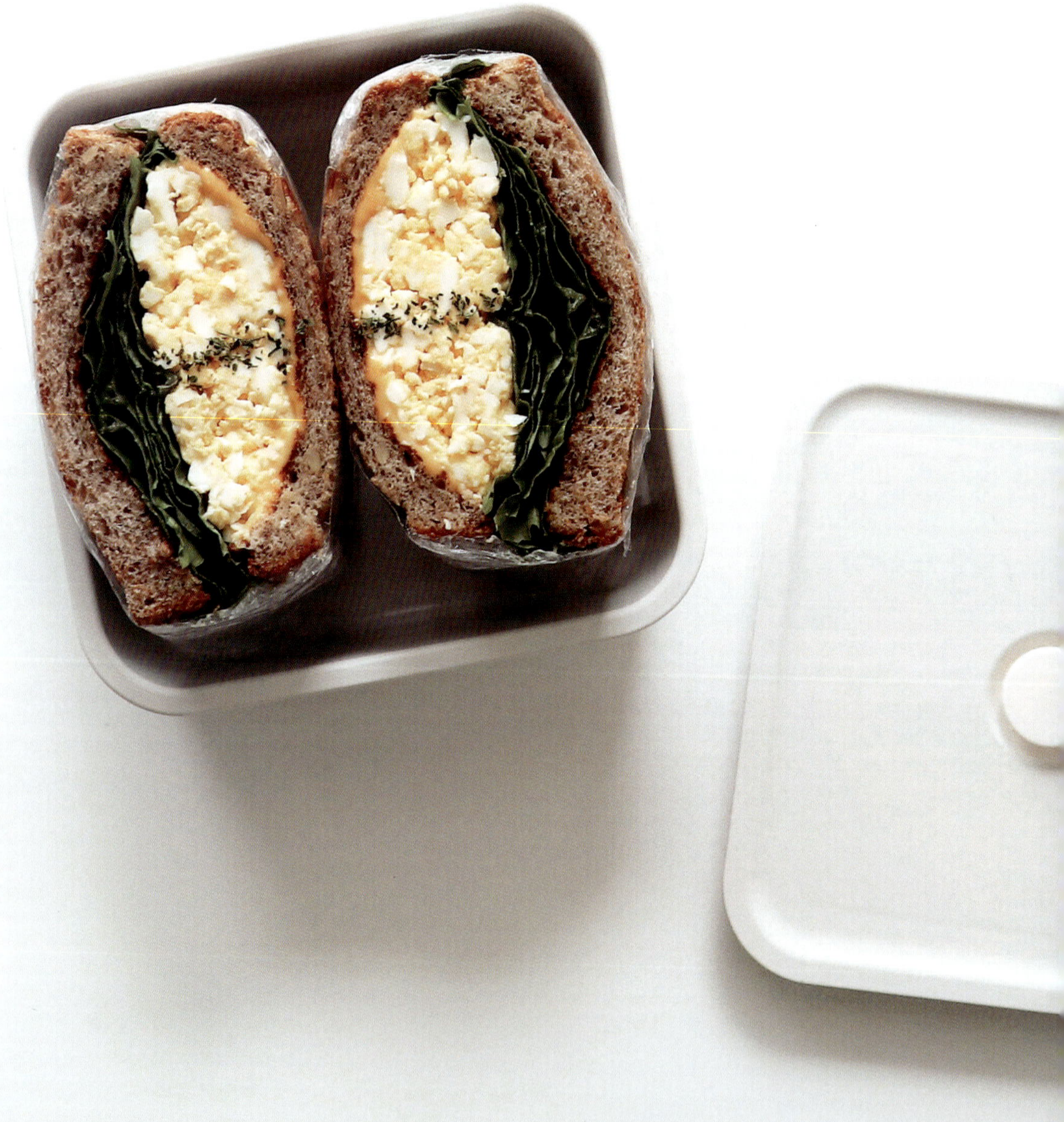

통밀식빵
2장

소분한 에그요거트샐러드
100g

슬라이스 치즈
1장

청상추
3장

파슬리가루
약간(생략 가능)

HOW TO MAKE

1 청상추는 흐르는 물에 씻은 뒤 물기를 털어낸다.

2 달군 팬에 통밀식빵을 앞뒤로 굽는다.

3 랩을 깔고 구운 통밀식빵 한 장을 올린다. 슬라이스 치즈, 에그요거트샐러드, 청상추를 순서대로 올린 뒤 나머지 통밀식빵을 덮는다.

4 두 번 정도 단단히 랩을 씌운 뒤 반으로 잘라 밀폐용기에 담고, 파슬리가루를 뿌린다.

응용 요리

④

에그요거트 또띠아롤

후루룩 말아서 뚝딱 완성해요

통밀또띠아
1장

소분한
에그요거트샐러드
100g

슬라이스 치즈
1장

빨강·노랑
파프리카
1/7개씩(60g)

청상추
6장

어린잎채소
1줌(20g)

크러쉬드레드페퍼홀
약간(생략 가능)

HOW TO MAKE

1 청상추는 흐르는 물에 씻은 뒤 물기를 털어낸다.

2 빨강·노랑 파프리카는 채 썬다.

3 달군 팬에 통밀또띠아를 앞뒤로 5초씩 굽는다.

4 랩을 깔고 구운 통밀또띠아를 올린다. 슬라이스 치즈, 에그요거트샐러드, 파프리카, 청상
추를 올린다.

5 끝에서부터 돌돌 말고, 랩으로 두 번 정도 감싼 뒤 반으로 어슷 썬다.

6 밀폐용기에 어린잎채소와 에그요거트또띠아롤을 담고, 크러쉬드레드페퍼홀을 뿌린다.

응용 요리

5

에그요거트유부초밥

색다르고 건강하게 즐기는 핑거푸드

| 현미밥
1공기(130g) | 소분한
에그요거트샐러드
100g | 유부
(주머니 모양)
4장 | 어린잎채소
1줌(20g) | 초밥 조미액·플레이크
1큰술씩(생략 가능) | 파슬리가루
약간(생략 가능) |

HOW TO MAKE

1 큰 볼에 현미밥과 초밥 조미액과 플레이크를 넣고 골고루 섞어 양념한다.

2 유부의 3/4 지점까지 양념한 밥을 채운다.

3 밥 위에 에그요거트샐러드를 올린다.

4 밀폐용기에 어린잎채소와 에그요거트유부초밥을 담고, 파슬리가루를 뿌린다.

Tip 삼각형 모양의 유부를 사용할 경우에는 초밥을 6개 만들어요.

|||| 장보기 리스트 ||||

- [ ] 통밀식빵 2장
- [ ] 훈제오리 700g
- [ ] 슬라이스 치즈 1장
- [ ] 사과 1개(200g)
- [ ] 양파 1개(200g)
- [ ] 빨강·주황 파프리카 1개씩
- [ ] 대파 1대
- [ ] 청상추 5장
- [ ] 샐러드채소 1팩(100g)

* 남는 식재료는 볶음밥이나 주먹밥, 샌드위치,
또띠아롤 등 다른 레시피에 활용해요.

 # 훈제오리파프리카볶음

1

훈제오리사과샐러드

2

훈제오리사과샌드위치

3

훈제오리주먹밥

4

훈제오리매콤볶음밥

5

훈제오리카레볶음밥

훈제오리파프리카볶음

체내에 쌓이지 않는 불포화지방산이 가득한 오리고기!

훈제오리
700g

빨강·주황 파프리카
1/2개씩(100g)

HOW TO MAKE

1 빨강·주황 파프리카는 채 썬다.

2 훈제오리는 길게 썬다.

3 달군 팬에 훈제오리를 넣는다. 센 불에서 볶으며 훈제오리에서 나오는 기름은 키친타월로 닦아낸다.

4 파프리카를 넣고 중간 불에서 숨이 살짝 죽을 때까지 볶는다.

5 한김 식힌 뒤 소분한다.

 Tip · 파프리카 대신 피망이나 고추, 당근, 양배추 등 좋아하는 채소를 넣어도 좋아요.
· 볶을 때 기름이 많이 나와 훈제오리파프리카볶음을 완성하면 550~600g 정도가 돼요.
· 응용 요리를 만들고 훈제오리파프리카볶음이 남으면 다른 레시피에 활용하거나 밥반찬으로 먹어요.

응용 요리

①

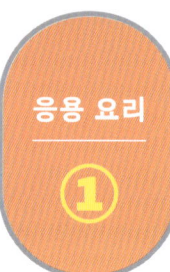

훈제오리사과샐러드

콜레스테롤 생성을 억제하고 지방 흡수를 막는 샐러드

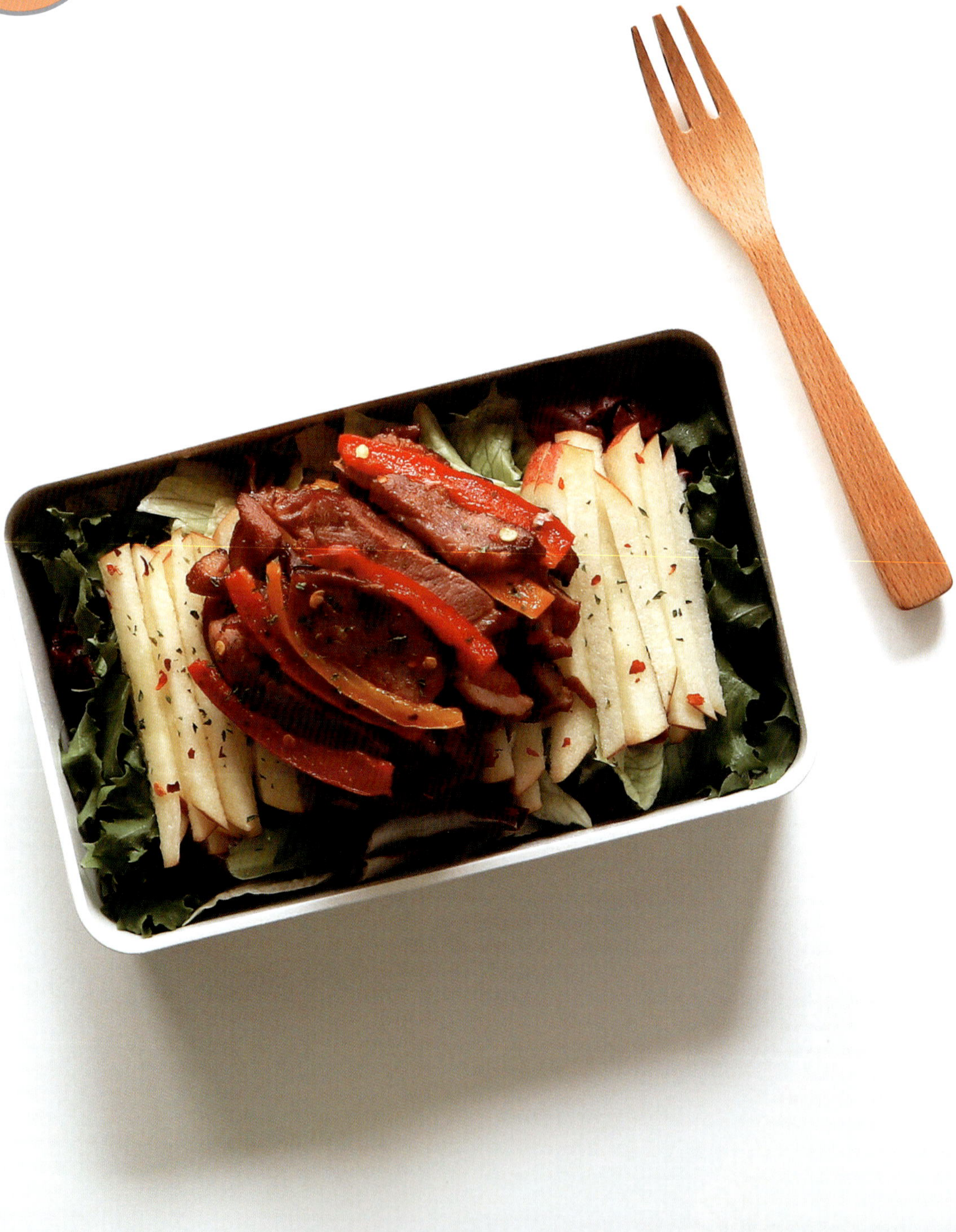

소분한 훈제오리파프리카볶음
100g

사과
1/4개(50g)

샐러드채소
2줌(100g)

크러쉬드레드페퍼홀
약간(생략 가능)

HOW TO MAKE

1 샐러드채소는 손으로 한입 크기가 되도록 찢는다. 흐르는 물에 씻은 뒤 체에 밭쳐 물기를 뺀다.

2 사과는 반달 모양으로 자른 뒤 채 썬다.

3 밀폐용기에 샐러드채소를 담는다. 그 위에 사과와 훈제오리파프리카볶음을 올리고, 크러쉬드레드페퍼홀을 뿌린다.

Tip • 통밀빵 1장을 곁들여도 든든해요.
• 좋아하는 드레싱을 곁들여요.

응용 요리 ②

훈제오리사과샌드위치

노폐물을 배출하는 사과로 만드는 디톡스 식사

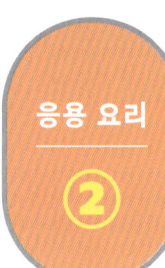

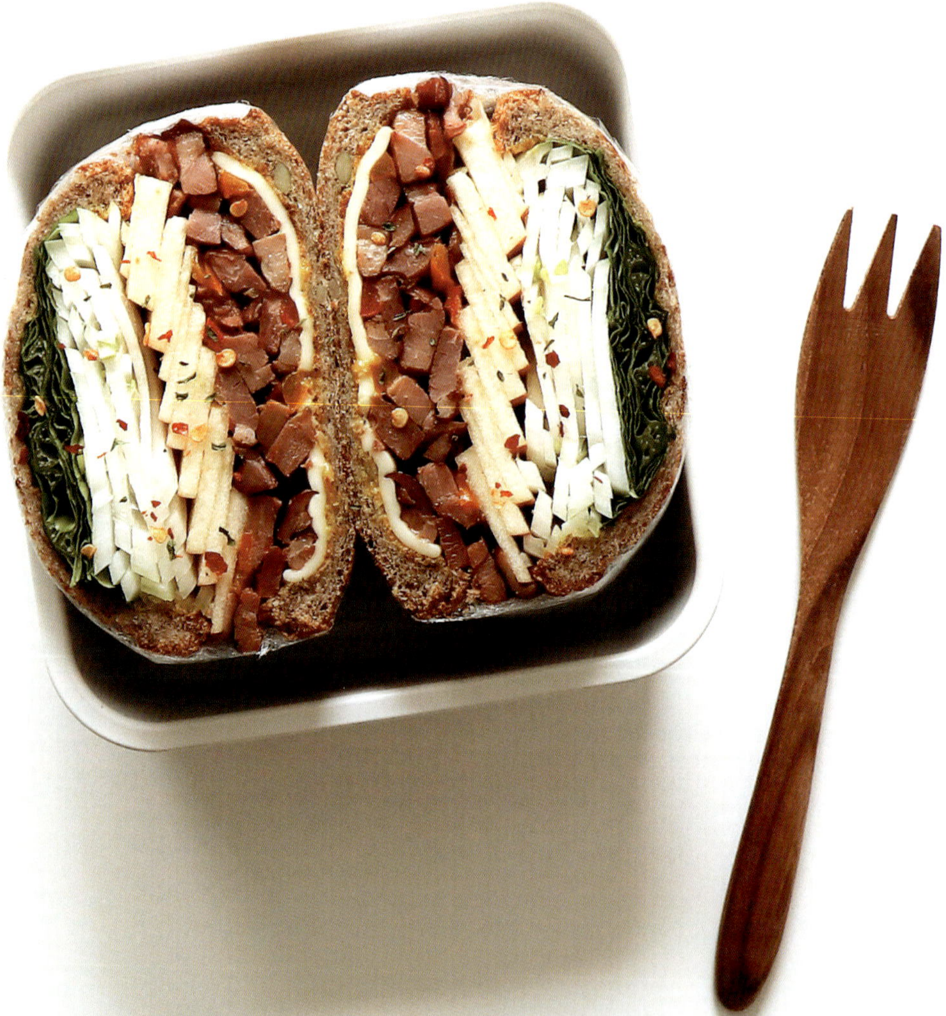

| 통밀식빵 2장 | 소분한 훈제오리 파프리카볶음 100g | 슬라이스 치즈 1장 | 사과 1/4개(50g) | 양파 1/7개(30g) | 청상추 5장 | 머스터드 2큰술 | 크러쉬드 레드페퍼홀 약간(생략 가능) |

HOW TO MAKE

1 청상추는 흐르는 물에 씻은 뒤 물기를 털어낸다.

2 달군 팬에 통밀식빵을 앞뒤로 굽는다.

3 양파는 0.3cm 두께로 슬라이스한다. 찬물에 10분 정도 담가 매운맛을 뺀 뒤 키친타월에 올려 물기를 제거한다.

4 사과는 반달 모양으로 자른 뒤 얇게 썬다.

5 랩을 깔고 구운 통밀식빵을 올린다. 통밀식빵 양쪽에 머스터드를 펴 바른다.

6 통밀식빵 한쪽에 슬라이스 치즈, 훈제오리파프리카볶음, 사과, 양파, 청상추를 순서대로 올린다.

7 나머지 통밀식빵을 덮은 뒤 두 번 정도 단단히 랩을 씌운다. 반으로 잘라 밀폐용기에 담고, 크러쉬드레드페퍼홀을 뿌린다.

응용 요리
③

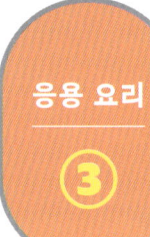

훈제오리주먹밥

공복감이 싹 사라지는 단백질 만점 주먹밥

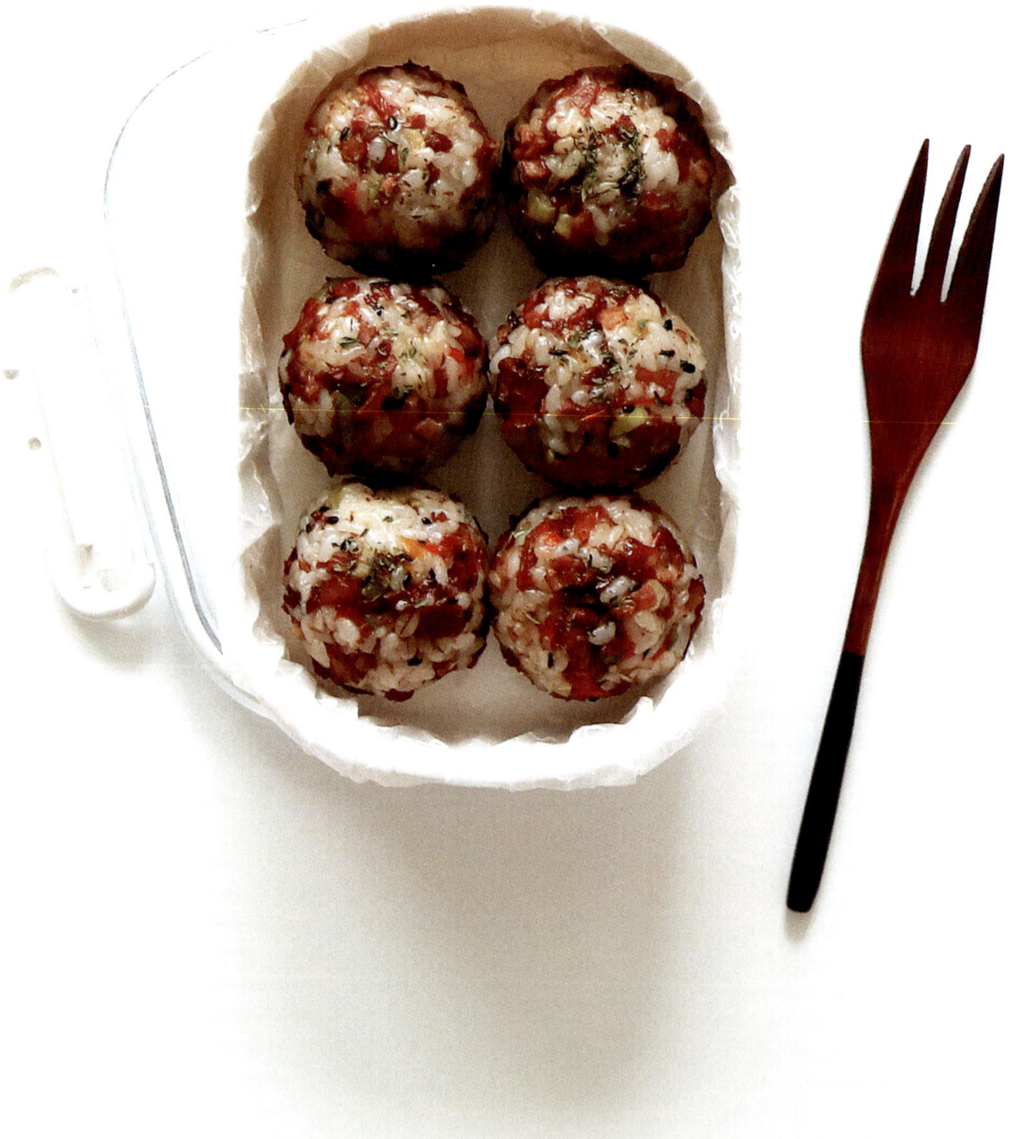

현미밥
1공기(130g)

소분한 훈제오리파프리카볶음
100g

대파
1/5대(20g)

참기름
1/2큰술

소금
1꼬집

검은깨(또는 통깨)
약간

HOW TO MAKE

2

3

4

1 훈제오리파프리카볶음은 잘게 다지고, 대파는 송송 썬다.

2 달군 팬에 훈제오리파프리카볶음과 대파를 넣고 살짝 볶는다.

3 큰 볼에 현미밥을 넣는다. 훈제오리파프리카볶음과 대파, 참기름, 소금, 검은깨를 넣은 뒤 골고루
섞어 양념한다.

4 양념한 밥은 한입 크기로 동그랗게 뭉친 뒤 밀폐용기에 담는다.

Tip 원하는 채소는 무엇이든 활용할 수 있어요.

응용 요리 ④

훈제오리매콤볶음밥

저열량 고단백 영양식으로 허리둘레를 줄여요!

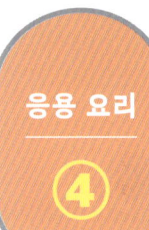

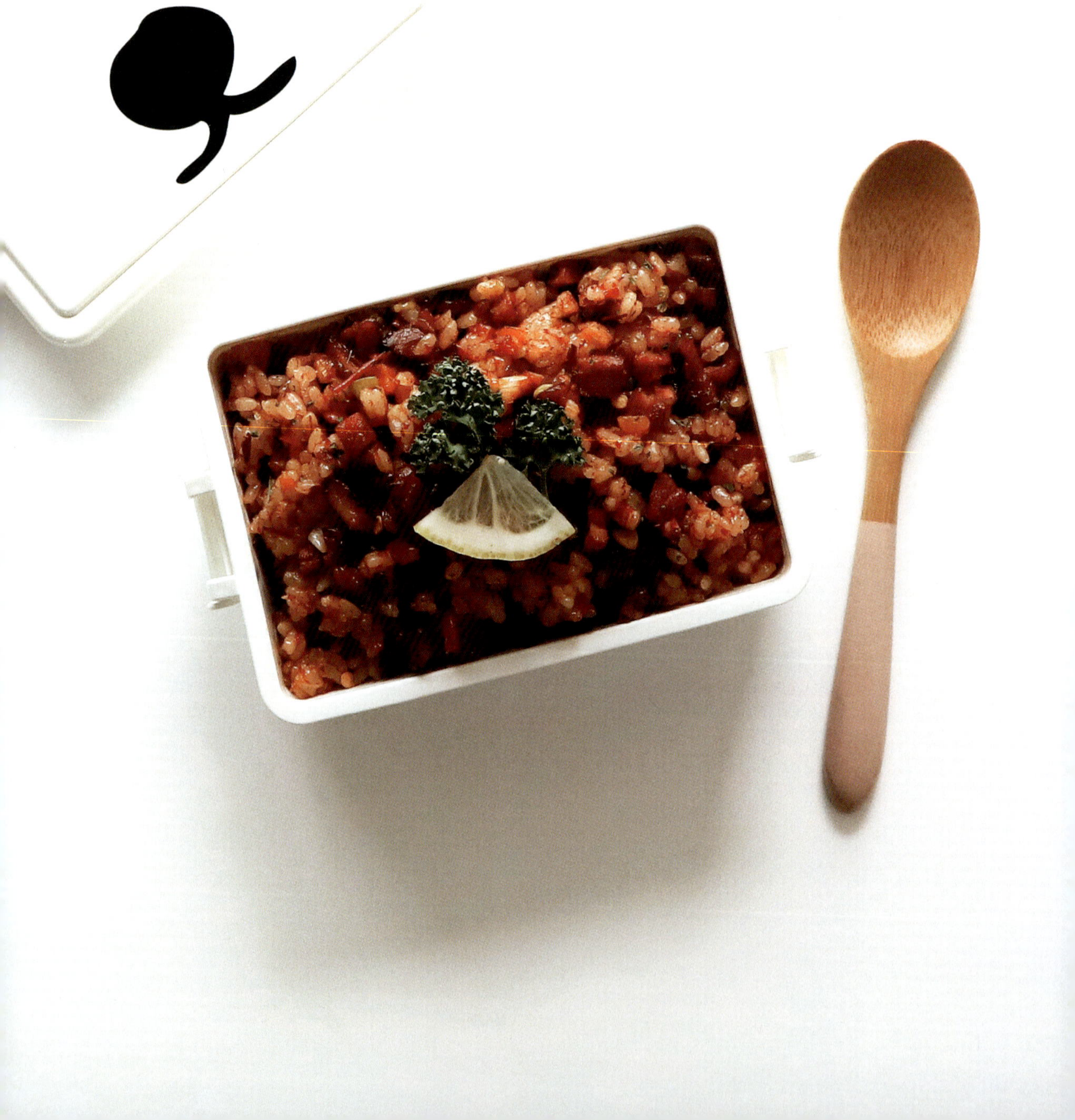

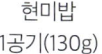

현미밥
1공기(130g)

소분한 훈제오리파프리카볶음
100g

대파
1/5대(20g)

굴소스
1/2큰술

고춧가루
1큰술

올리브유
1큰술

HOW TO MAKE

1 훈제오리파프리카볶음은 잘게 다지고, 대파는 송송 썬다.

2 팬에 올리브유를 두르고 대파와 고춧가루를 넣는다. 약한 불에서 볶아 고추기름을 낸다.

3 현미밥과 훈제오리파프리카볶음, 굴소스를 넣고 볶은 뒤 밀폐용기에 담는다.

Tip 더욱 매콤하게 먹고 싶으면 매운 고추를 썰어 넣어요.

응용 요리

⑤

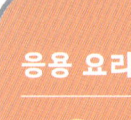

훈제오리카레볶음밥

지방 대사를 활발히 만드는 카레 속 캡사이신!

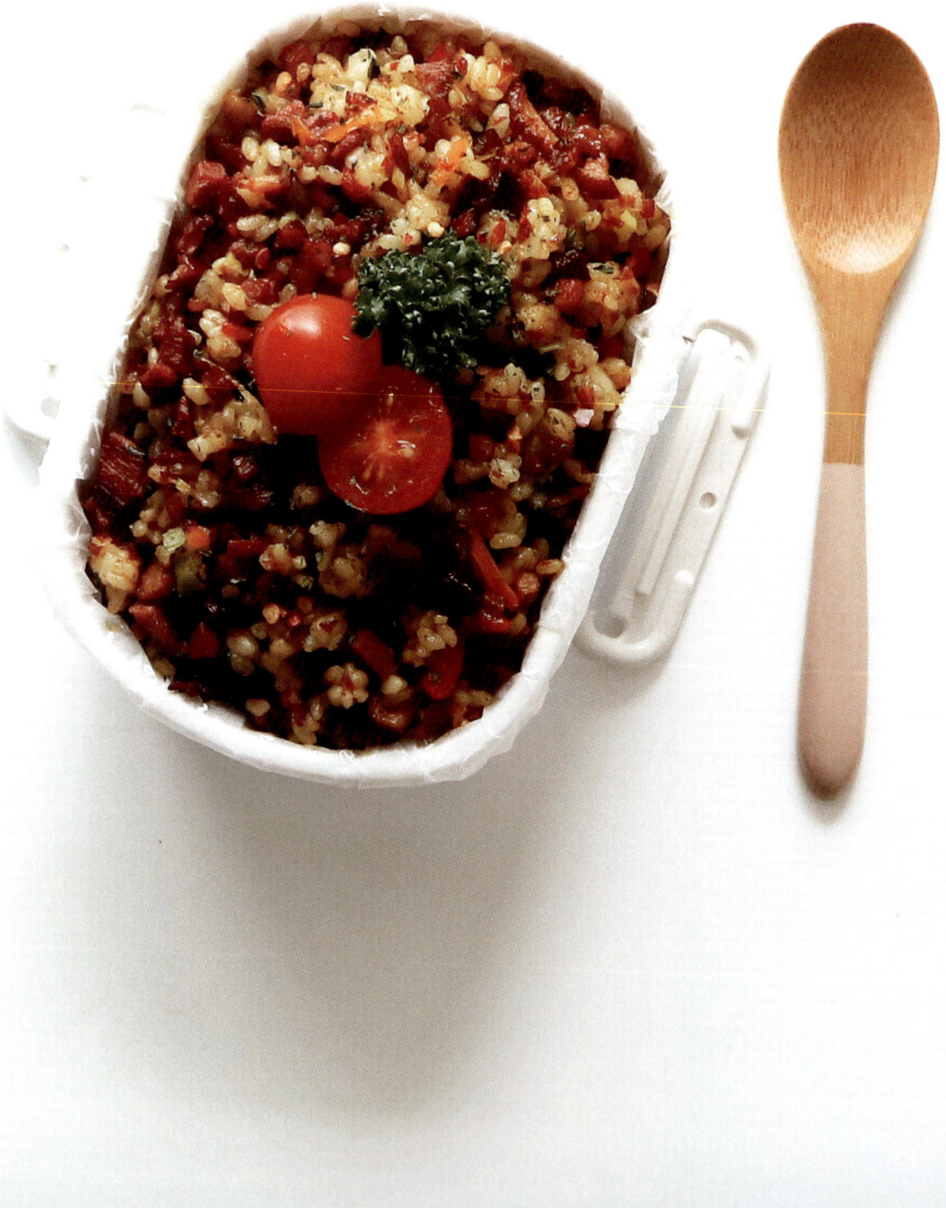

현미밥
1공기(130g)

소분한 훈제오리파프리카볶음
100g

대파
1/5대(20g)

카레가루
1큰술

올리브유
1큰술

HOW TO MAKE

2

3

1 훈제오리파프리카볶음은 잘게 다지고, 대파는 송송 썬다.

2 팬에 올리브유를 두르고 대파를 넣는다. 약한 불에서 볶아 파기름을 낸다.

3 현미밥과 훈제오리파프리카볶음, 카레가루를 넣고 볶은 뒤 밀폐용기에 담는다.

|||| 장보기 리스트 ||||

- ☐ 통밀식빵 2장
- ☐ 캔 참치 500g
- ☐ 달걀 2개
- ☐ 슬라이스 치즈 1장
- ☐ 캔 옥수수 100g
- ☐ 아보카도 1개
- ☐ 양파 1개(200g)
- ☐ 오이 1개(200g)
- ☐ 빨강·초록 피망 1개씩
- ☐ 빨강·노랑 파프리카 1개씩
- ☐ 대파 1대
- ☐ 청상추 3장
- ☐ 샐러드채소 1팩(100g)
- ☐ 방울토마토 3개

* 남는 식재료는 볶음밥이나 주먹밥, 샌드위치,
또띠아롤 등 다른 레시피에 활용해요.

 참치샐러드

1 아보카도참치샐러드

2 참치파프리카샌드위치

3 참치샐러드주먹밥

4 참치샐러드달걀밥

5 매콤참치샐러드볶음밥

참치샐러드

불 없이 요리하는 초간단 레시피!

캔 참치	캔 옥수수	빨강·초록 피망	올리브유	소금	후춧가루
500g	100g	1/2개씩(100g)	3큰술	2꼬집	약간

HOW TO MAKE

1 캔 참치는 체에 밭쳐 기름기를 뺀다.

2 빨강·초록 피망은 잘게 다진다.

3 큰 볼에 캔 참치와 캔 옥수수, 피망, 올리브유, 소금, 후춧가루를 넣고 골고루 섞은 뒤 소분한다.

> **Tip** • 피망 대신 파프리카나 당근, 양파, 양배추를 다져 넣거나 캔 옥수수 대신 삶은 콩을 넣어도 맛있어요.
> • 캔 참치의 기름기를 빼고 참치샐러드를 완성하면 다른 재료를 더해도 500g 정도가 돼요.

아보카도 참치샐러드

느리게 연소되는 아보카도의 에너지로 포만감을 높여요

소분한 참치샐러드
100g

아보카도
1/2개(100g)

양파
1/10개(20g)

오이
1/10개(20g)

빨강 파프리카
1/10개(20g)

샐러드채소
2줌(100g)

방울토마토
3개

크러쉬드레드페퍼홀
약간(생략 가능)

HOW TO MAKE

2

3

4

5

1 샐러드채소는 손으로 한입 크기가 되도록 찢는다. 흐르는 물에 씻은 뒤 체에 밭쳐 물기를
빼다.

2 양파와 빨강 파프리카, 오이는 슬라이스한다. 방울토마토는 반으로 자르고, 아보카도는 씨
앗을 제거한 뒤 껍질을 벗긴다.

3 밀폐용기에 샐러드채소를 담는다.

4 샐러드채소 위에 양파와 빨강 파프리카, 오이, 방울토마토를 담는다.

5 아보카도를 담고, 씨앗이 있던 오목한 부분에 참치샐러드를 올린 뒤 크러쉬드레드페퍼홀
을 뿌린다.

참치**파프리카**샌드위치

한꺼번에 많이 먹기 힘든 채소를 팍팍 먹을 수 있어요

통밀식빵	소분한 참치샐러드	달걀	슬라이스 치즈	빨강·노랑 파프리카	청상추	케첩	머스터드	올리브유
2장	100g	1개	1장	1/7개씩(60g)	3장	1큰술	1큰술	1큰술

HOW TO MAKE

1 청상추는 흐르는 물에 씻은 뒤 물기를 털어낸다. 빨강·노랑 파프리카는 채 썬다.

2 달군 팬에 통밀식빵을 앞뒤로 굽는다.

3 팬에 올리브유 1/2큰술을 두르고 달걀을 깨트려 넣어 프라이한다.

4 다른 팬에 나머지 분량의 올리브유를 두르고 파프리카를 넣는다. 센 불에서 숨이 죽을 때
  까지 볶는다.

5 랩을 깔고 구운 통밀식빵을 올린다. 통밀식빵 한 장의 안쪽 면에 케첩을 바른 뒤 슬라이스
  치즈, 달걀프라이, 참치샐러드, 파프리카, 청상추를 순서대로 올린다.

6 나머지 통밀식빵 안쪽 면에 머스터드를 바르고 덮는다. 두 번 정도 단단히 랩을 씌운 뒤 반
  으로 잘라 밀폐용기에 담는다.

응용 요리

3

참치샐러드 주먹밥

다이어트로 인한 근육 감소를 막아줘요

| 현미밥
1공기(130g) | 소분한 참치샐러드
100g | 참기름
1/2큰술 | 소금
1꼬집 | 검은깨(또는 통깨)
약간 |

HOW TO MAKE

1

2

1 큰 볼에 모든 재료를 넣고 골고루 섞어 양념한다.

2 양념한 밥은 한입 크기로 동그랗게 뭉친 뒤 밀폐용기에 담는다.

Tip 쌈채소나 과일을 곁들여 먹으면 더욱 든든해요.

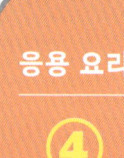

응용 요리
④

참치샐러드 달걀밥

지방과 당분의 대사를 촉진하는 참치와 달걀의 조합!

| 현미밥 1공기(130g) | 소분한 참치샐러드 100g | 달걀 1개 | 달걀간장 1큰술 | 올리브유 1/2큰술 |

HOW TO MAKE

1

2

1 팬에 올리브유를 두르고 달걀을 깨트려 넣어 프라이한다.

2 밀폐용기에 현미밥과 참치샐러드를 담고, 달걀프라이를 밥 위에 올린다.

3 달걀간장을 곁들인다.

 Tip • 먹기 직전에 달걀간장을 붓고 비벼요.
• 시판 달걀간장이 없으면 일반 간장을 곁들여요.
• 어린잎채소를 더해서 먹어도 좋아요.

응용 요리
⑤

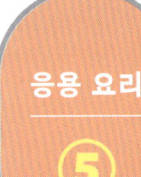

매콤참치샐러드볶음밥

특별한 재료가 없어도 맛있는 밥 요리

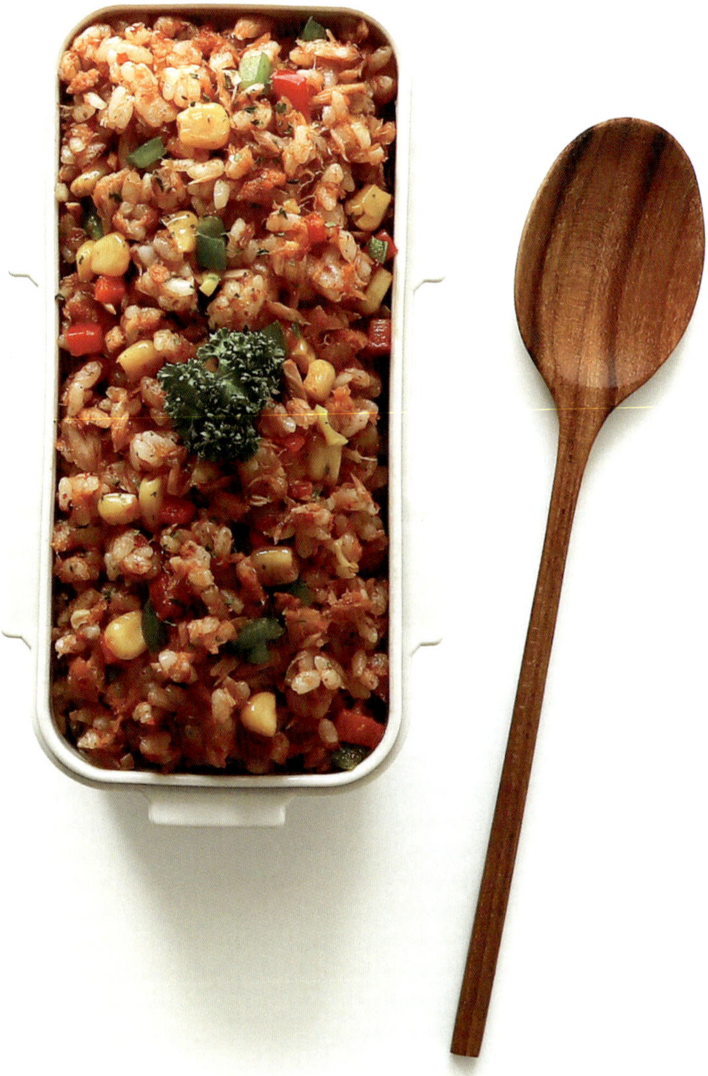

현미밥	소분한 참치샐러드	대파	굴소스	고춧가루	올리브유
1공기(130g)	100g	1/5대(20g)	1/2큰술	1큰술	1큰술

HOW TO MAKE

1 대파는 송송 썬다.

2 팬에 올리브유를 두르고 대파와 고춧가루를 넣는다. 약한 불에서 볶아 고추기름을 낸다.

3 현미밥과 참치샐러드, 굴소스를 넣고 볶은 뒤 밀폐용기에 담는다.

Tip 매운 고추를 썰어 넣어도 맛있어요.

9주차 밀프렙 식단 한눈에 보기

||| 장보기 리스트 |||

- ☐ 통밀식빵 2장
- ☐ 통밀빵 2장
- ☐ 달걀 6개
- ☐ 슬라이스 치즈 1장
- ☐ 당근 1개(200g)
- ☐ 양파 1개(200g)
- ☐ 새송이·느타리·팽이·표고버섯 800g
- ☐ 부추 1단
- ☐ 청상추 3장
- ☐ 샐러드채소 1팩(100g)
- ☐ 어린잎채소 1팩(100g)
- ☐ 방울토마토 3개
- ☐ 슬라이스 블랙올리브 1캔

* 남는 식재료는 볶음밥이나 주먹밥, 샌드위치,
또띠아롤 등 다른 레시피에 활용해요.

 모둠버섯볶음

1 버섯에그샐러드

2 버섯에그샌드위치

3 버섯프리타타

4 버섯채소비빔밥

5 버섯양파덮밥

모둠버섯볶음

사시사철 쉽게 구하는 식재료, 버섯의 무한변신!

| 당근
1/7개(30g) | 새송이·느타리·팽이·표고버섯
800g | 부추
1/2줌(30g) | 굴소스
2큰술 | 올리브유
2큰술 | 소금
1꼬집 | 검은깨(또는 통깨)·후춧가루
약간씩 |

HOW TO MAKE

1 버섯은 물을 묻힌 키친타월로 가볍게 닦는다. 새송이·표고버섯은 슬라이스하고, 느타리·팽이버섯은 잘게 찢는다.

2 부추와 당근은 버섯과 비슷한 길이로 채 썬다.

3 팬에 올리브유를 두르고 모든 재료를 넣는다. 센 불에서 채소의 숨이 죽을 때까지 볶는다.

4 한김 식힌 뒤 소분한다.

Tip 버섯은 오래 볶으면 수분이 생겨요. 센 불에서 빠르게 볶고 불을 바로 꺼요.

버섯에그샐러드

영양소를 골고루 담은 건강식

통밀빵
1장

달걀
1개

소분한 모둠버섯볶음
150g

샐러드채소
2줌(100g)

식초
1큰술

소금
1/2큰술

크러쉬드레드페퍼홀
약간(생략 가능)

HOW TO MAKE

1 샐러드채소는 손으로 한입 크기가 되도록 찢는다. 흐르는 물에 씻은 뒤 체에 밭쳐 물기를 뺀다.

2 달군 팬에 통밀빵을 앞뒤로 굽는다.

3 냄비에 달걀을 넣고, 잠길 정도로 물을 붓는다. 식초와 소금을 넣고 센 불에서 완숙이 될 때까지 15~20분간 삶는다.

4 삶은 달걀은 한김 식힌 뒤 껍데기를 까고 에그 슬라이서로 자른다.

5 밀폐용기에 샐러드채소를 담는다.

6 샐러드채소 위에 모둠버섯볶음과 달걀을 담고, 크러쉬드레드페퍼홀을 뿌린 뒤 구운 통밀빵을 곁들인다.

버섯에그 샌드위치

버섯의 쫄깃쫄깃한 식감과 달걀의 부드러움이 잘 어울려요!

통밀식빵
2장

달걀
1개

슬라이스 치즈
1장

소분한
모둠버섯볶음
150g

청상추
3장

케첩
1큰술

머스터드
1큰술

올리브유
1/2큰술

크러쉬드
레드페퍼홀
약간(생략 가능)

HOW TO MAKE

1 청상추는 흐르는 물에 씻은 뒤 물기를 털어낸다.

2 달군 팬에 통밀식빵을 앞뒤로 굽는다.

3 팬에 올리브유를 두르고 달걀을 깨트려 넣어 프라이한다.

4 랩을 깔고 구운 통밀식빵을 올린다. 통밀식빵 한 장의 안쪽 면에 케첩을 바른 뒤 슬라이스
  치즈, 달걀프라이, 모둠버섯볶음, 청상추를 순서대로 올린다.

5 나머지 통밀식빵 안쪽 면에 머스터드를 바르고 덮는다.

6 두 번 정도 단단히 랩을 씌운 뒤 반으로 잘라 밀폐용기에 담고, 크러쉬드레드페퍼홀을 뿌
  린다.

응용 요리
③

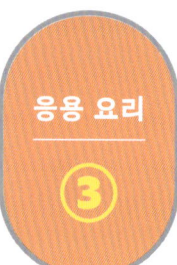

버섯프리타타

재료를 풍덩풍덩 넣고 전자레인지에 돌리면 끝!

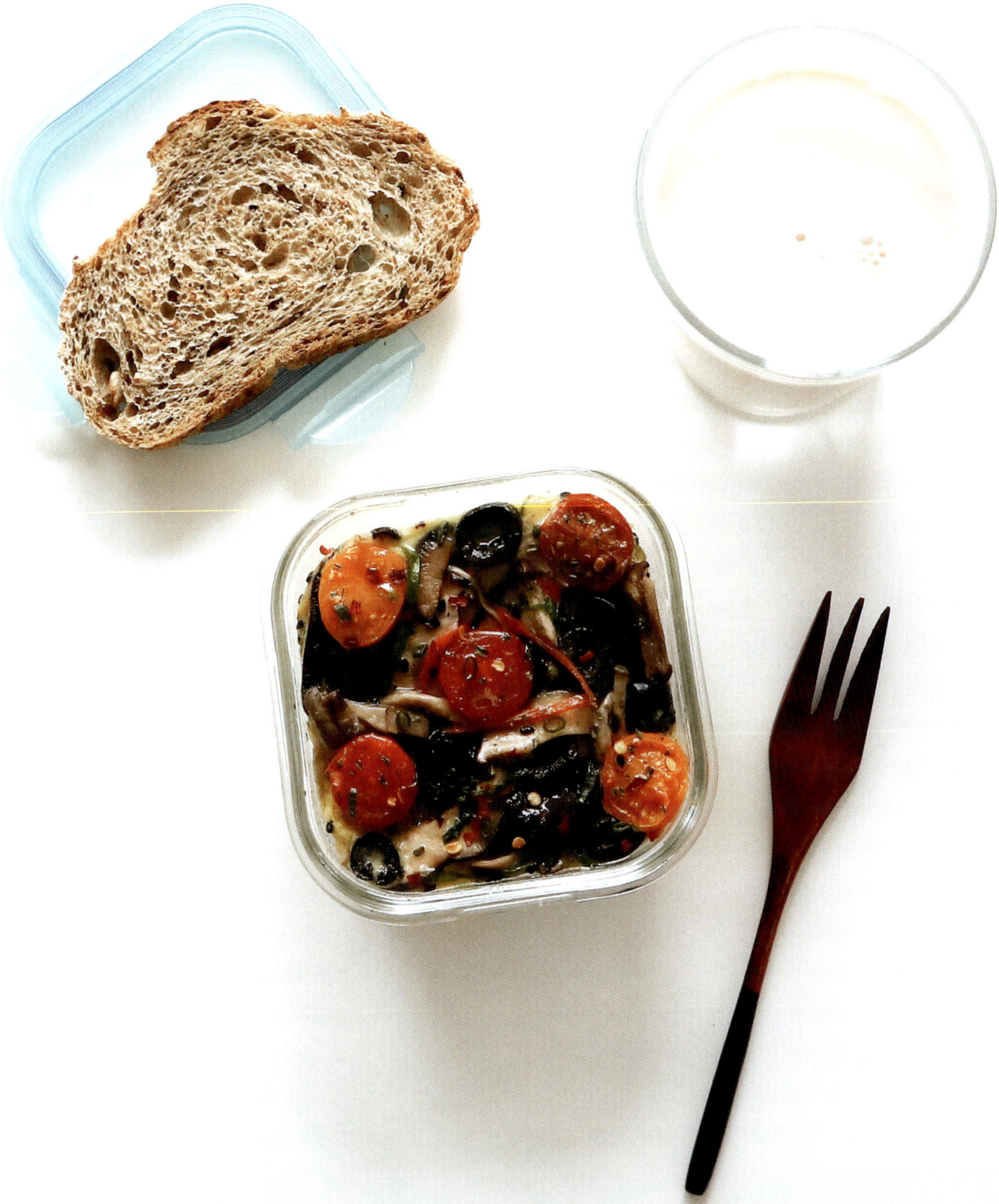

| 통밀빵
1장 | 달걀
2개 | 소분한
모둠버섯볶음
150g | 방울토마토
3개 | 슬라이스
블랙올리브
약간 | 올리브유
1/2큰술 | 소금
1꼬집 | 크러쉬드레드페퍼홀
약간(생략 가능) |

HOW TO MAKE

2

5

1 달군 팬에 통밀빵을 앞뒤로 굽는다.

2 방울토마토는 반으로 자른다.

3 볼에 달걀을 깨트려 넣는다. 소금을 넣고 섞어 달걀물을 만든다.

4 내열용기에 올리브유를 골고루 바른 뒤 모둠버섯볶음을 담고, 달걀물을 붓는다.

5 방울토마토와 슬라이스 블랙올리브를 올린 뒤 전자레인지에 넣고 3~5분간 익힌다. 크러쉬
   드레드페퍼홀을 뿌린 뒤 구운 통밀빵을 곁들인다.

응용 요리 ④

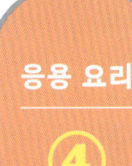

버섯채소비빔밥

식이섬유와 수분이 함유된 버섯 덕분에 조금만 먹어도 배불러요

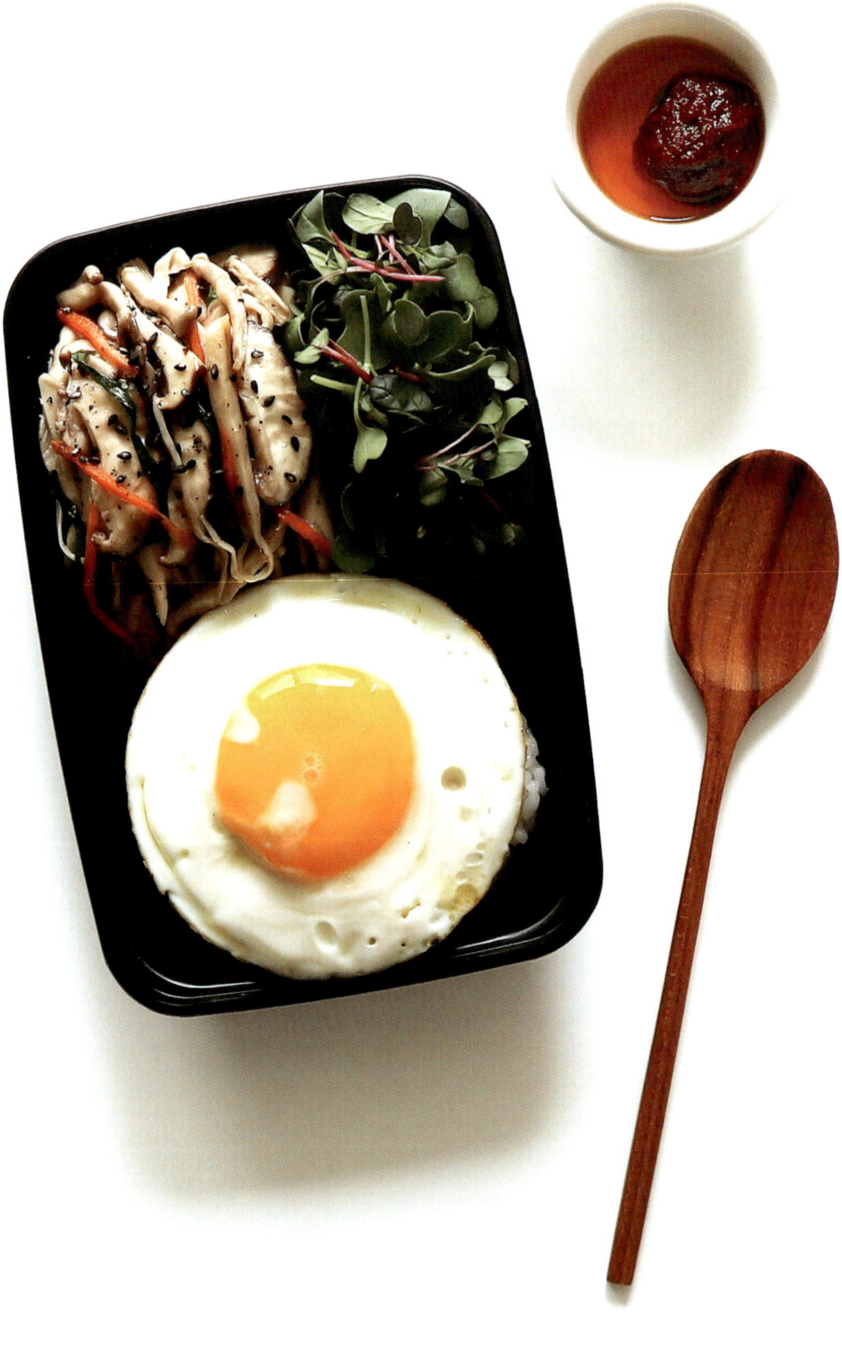

현미밥	달걀	소분한 모둠버섯볶음	어린잎채소	고추장	올리브유	참기름
1공기(130g)	1개	150g	1줌(20g)	1/2큰술	1/2큰술	1/2큰술

HOW TO MAKE

2-1   2-2

1 팬에 올리브유를 두르고 달걀을 깨트려 넣어 프라이한다.

2 밀폐용기에 현미밥을 담고, 남은 공간에 모둠버섯볶음과 어린잎채소를 담는다.

3 달걀프라이를 밥 위에 올리고, 고추장과 참기름을 곁들인다.

Tip 먹기 직전에 고추장과 참기름을 넣고 비벼요.

응용 요리 5

버섯양파덮밥

몸의 열을 높여 체지방을 연소시키는 양파

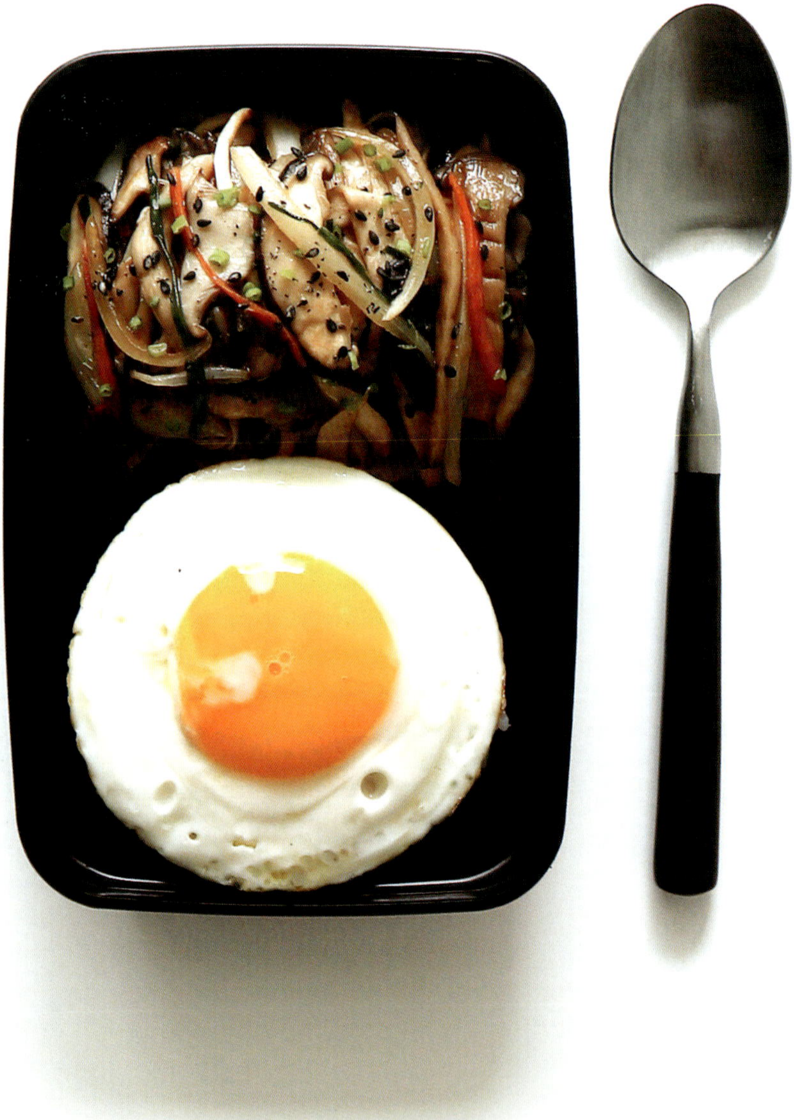

현미밥	달걀	양파	소분한 모둠버섯볶음	굴소스	올리브유
1공기(130g)	1개	1/4개(50g)	150g	1큰술	1큰술

HOW TO MAKE

3

4

1 팬에 올리브유 1/2큰술을 두르고 달걀을 깨트려 넣어 프라이한다.

2 양파는 채 썬다.

3 팬에 나머지 분량의 올리브유를 두른다. 양파를 넣고 중간 불에서 투명해질 때까지 볶다가 모둠버섯볶음과 굴소스를 넣고 볶는다.

4 밀폐용기에 현미밥과 볶은 버섯과 양파를 담고, 밥 위에 달걀프라이를 올린다.

10주차 밀프렙 식단 한눈에 보기

||||| 장보기 리스트 |||||

- ☐ 통밀식빵 2장
- ☐ 통밀또띠아 1장
- ☐ 소고기(다짐육) 600g
- ☐ 돼지고기(다짐육) 200g
- ☐ 달걀 4개
- ☐ 슬라이스 치즈 3장
- ☐ 토마토 1개(120g)
- ☐ 양파 2개(400g)
- ☐ 오이 1개(200g)
- ☐ 빨강·노랑 파프리카 1개씩
- ☐ 대파 1대
- ☐ 청상추 8장
- ☐ 샐러드채소 1팩(100g)
- ☐ 어린잎채소 1팩(100g)
- ☐ 방울토마토 3개
- ☐ 슬라이스 블랙올리브 1캔
- ☐ 다진 마늘 1큰술

* 남는 식재료는 볶음밥이나 주먹밥, 샌드위치, 또띠아롤 등 다른 레시피에 활용해요.

 함박스테이크

168

1

함박스테이크샐러드

2

함박스테이크샌드위치

3

함박스테이크또띠아롤

4

함박스테이크샐러드덮밥

5

함박스테이크볶음밥

밀프렙
세트
10

함박스테이크

다이어트에 효율적인 고단백 육류 요리

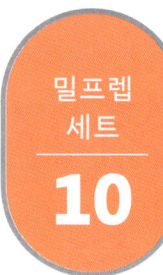

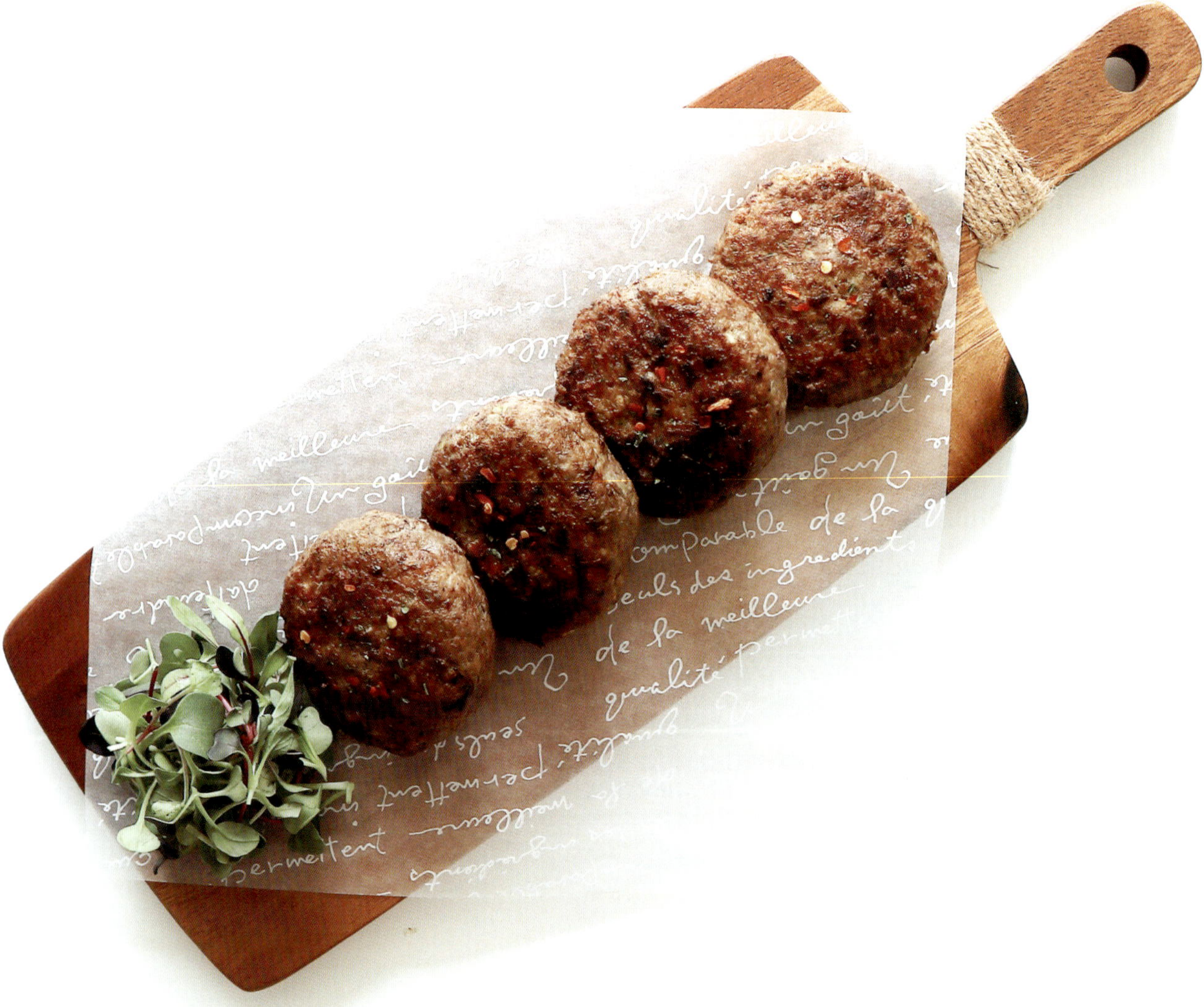

| 소고기(다짐육) 600g | 돼지고기(다짐육) 200g | 달걀 1개 | 양파 1개(200g) | 간장 1큰술 | 설탕 1큰술 | 올리브유 8큰술 | 다진 마늘 1큰술 | 소금 1/3큰술 | 후춧가루 약간 |

HOW TO MAKE

2

3

4

5

1 양파는 잘게 다진다.

2 팬에 올리브유 2큰술을 두르고 양파를 넣는다. 갈색빛이 돌 때까지 볶은 뒤 한김 식힌다.

3 큰 볼에 소고기와 돼지고기, 달걀, 양파, 간장, 설탕, 다진 마늘, 소금, 후춧가루를 넣은 뒤
  골고루 섞어 반죽을 만든다.

4 반죽을 5~6개로 소분한 뒤 동그랗고 납작하게 뭉친다.

5 팬에 나머지 분량의 올리브유를 두르고 반죽을 넣어 약한 불에서 앞뒤로 15분씩 구운 뒤
  한김 식힌다.

Tip • 반죽을 구울 때 팬 뚜껑을 덮으면 속까지 잘 익어요.
  • 밀프렙을 바로 하지 않을 경우에는 함박스테이크를 종이포일에 싸서 지퍼백에 담은 뒤 냉
    동실에 보관하며 한 달 안에 먹어요.
  • 응용 요리를 만들고 함박스테이크가 남으면 다른 레시피에 활용하거나 밥반찬으로 먹어요.

응용 요리

①

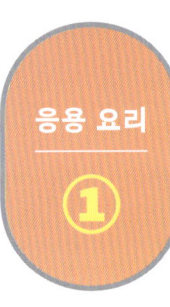

함박스테이크 샐러드

단백질을 부족하지 않게 섭취할 수 있는 샐러드

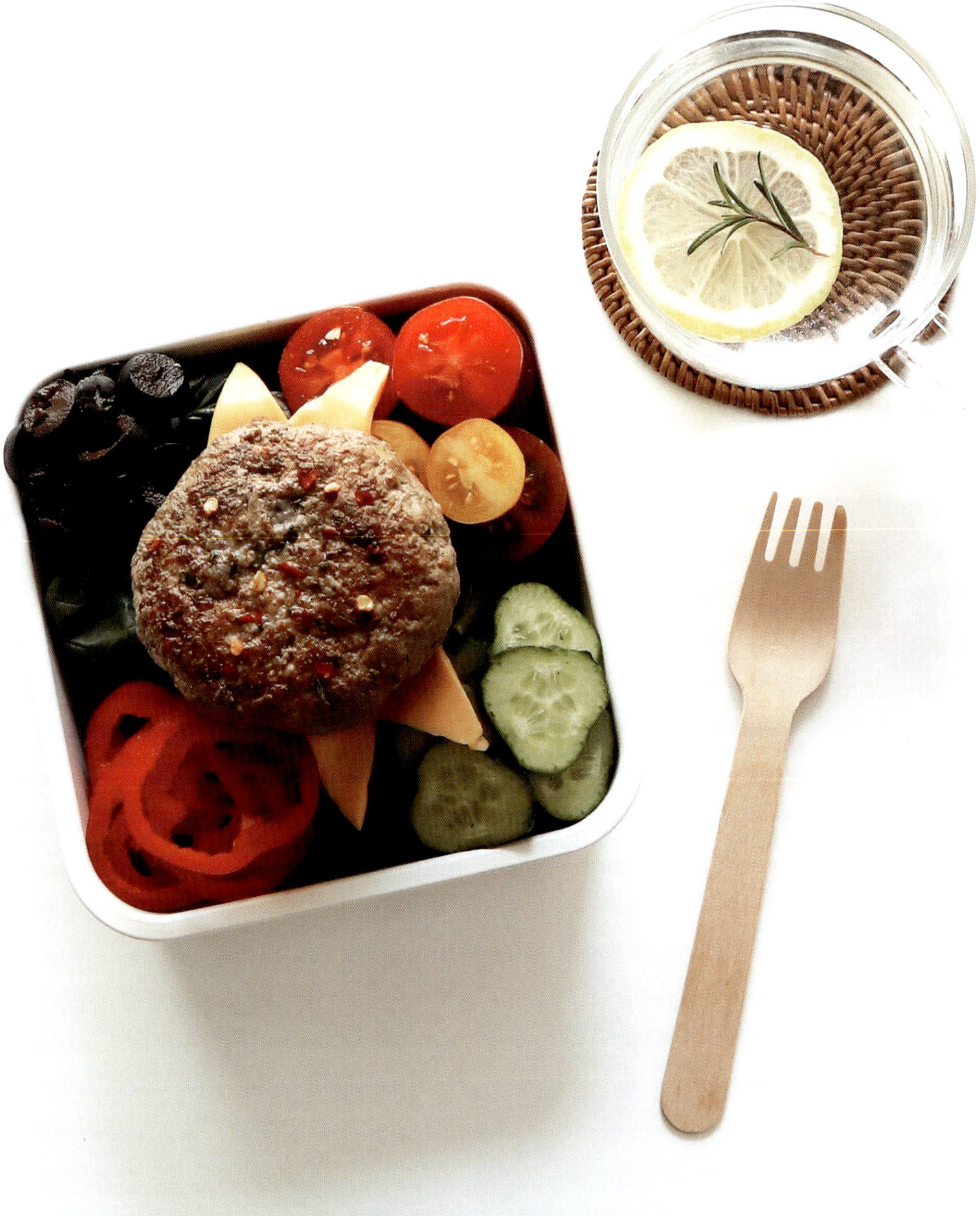

소분한
함박스테이크
1개

슬라이스 치즈
1장

오이
1/7개(30g)

빨강 파프리카
1/7개(30g)

샐러드채소
2줌(100g)

방울토마토
3개

슬라이스
블랙올리브
약간

크러쉬드
레드페퍼홀
약간(생략 가능)

HOW TO MAKE

1 샐러드채소는 손으로 한입 크기가 되도록 찢는다. 흐르는 물에 씻은 뒤 체에 밭쳐 물기를 뺀다.

2 오이와 빨강 파프리카는 슬라이스하고, 방울토마토는 반으로 자른다.

3 슬라이스 치즈는 삼각형으로 자른다.

4 밀폐용기에 샐러드채소를 담는다.

5 샐러드채소 위에 오이와 빨강 파프리카, 방울토마토, 슬라이스 블랙올리브를 담는다.

6 슬라이스 치즈와 함박스테이크를 올리고, 크러쉬드레드페퍼홀을 뿌린다.

Tip 통밀빵을 곁들이면 더욱 든든해요.

응용 요리 ②

함박스테이크샌드위치

버거가 부럽지 않은 단백질 듬뿍 샌드위치

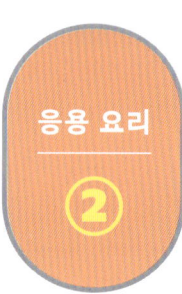

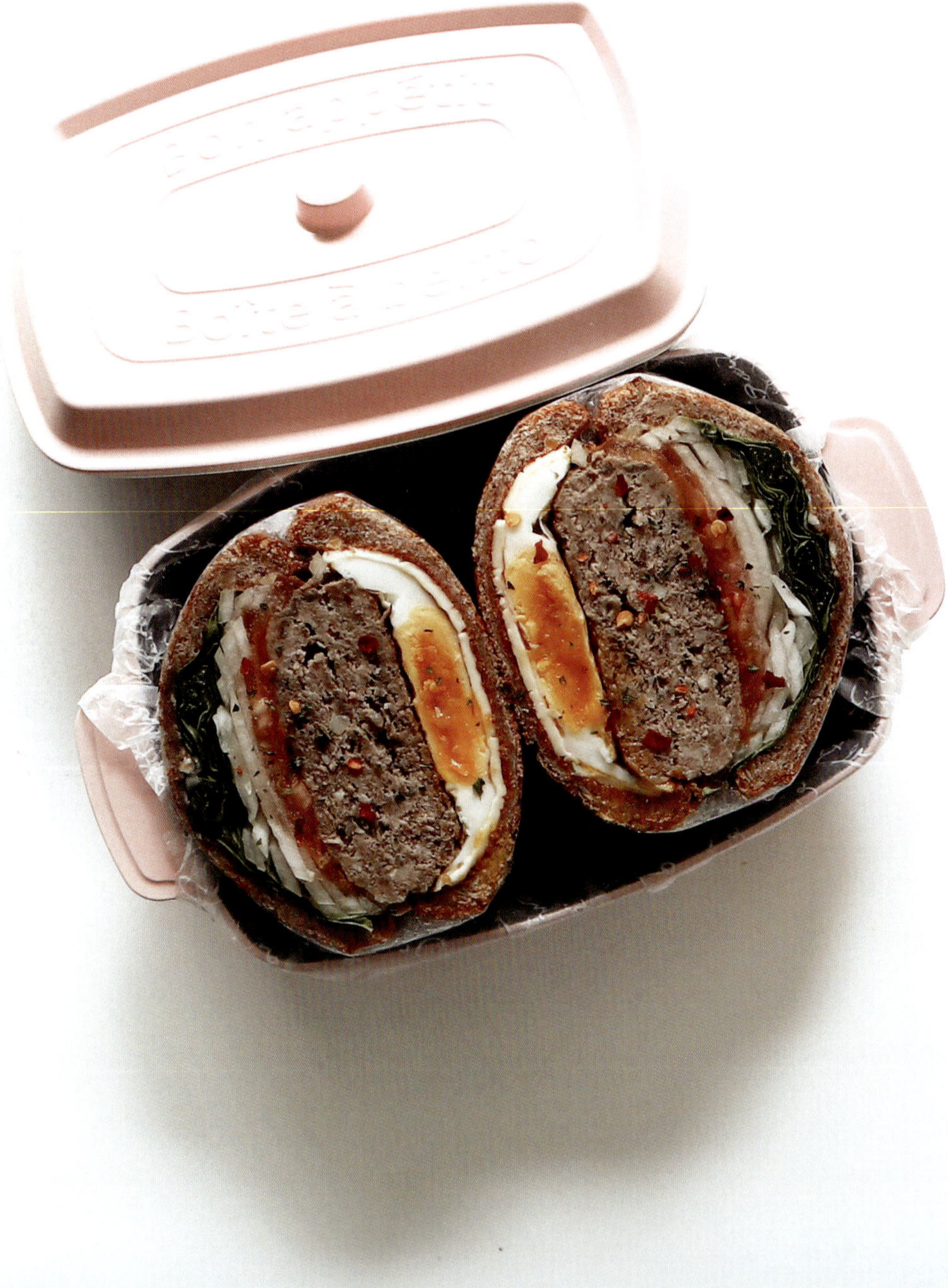

| 통밀식빵 2장 | 소분한 함박스테이크 1개 | 달걀 1개 | 슬라이스 치즈 1장 | 토마토 1/4개 (30g) | 양파 1/7개 (30g) | 청상추 3장 | 케첩 1큰술 | 머스터드 1큰술 | 올리브유 1/2큰술 | 크러쉬드 레드페퍼홀 약간(생략 가능) |

HOW TO MAKE

5

6

1 청상추는 흐르는 물에 씻은 뒤 물기를 털어낸다.

2 달군 팬에 통밀식빵을 앞뒤로 굽는다.

3 팬에 올리브유를 두르고 달걀을 깨트려 넣어 프라이한다.

4 토마토와 양파는 0.3cm 두께로 슬라이스한다.

5 토마토는 키친타월에 올려 물기를 살짝 제거하고, 양파는 찬물에 10분 정도 담가 매운맛을 뺀 뒤 키친타월에 올려 물기를 제거한다.

6 랩을 깔고 구운 통밀식빵을 올린다. 통밀식빵 한 장의 안쪽 면에 케첩을 바른 뒤 슬라이스 치즈, 달걀프라이, 함박스테이크, 토마토, 양파, 청상추를 순서대로 올린다.

7 나머지 통밀식빵 안쪽 면에 머스터드를 바르고 덮는다.

8 두 번 정도 단단히 랩을 씌운 뒤 반으로 잘라 밀폐용기에 담고, 크러쉬드레드페퍼홀을 뿌린다.

응용 요리

③

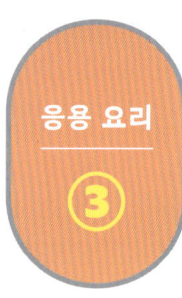

함박스테이크또띠아롤

배고픔을 참지 않아도 되는 든든한 식사

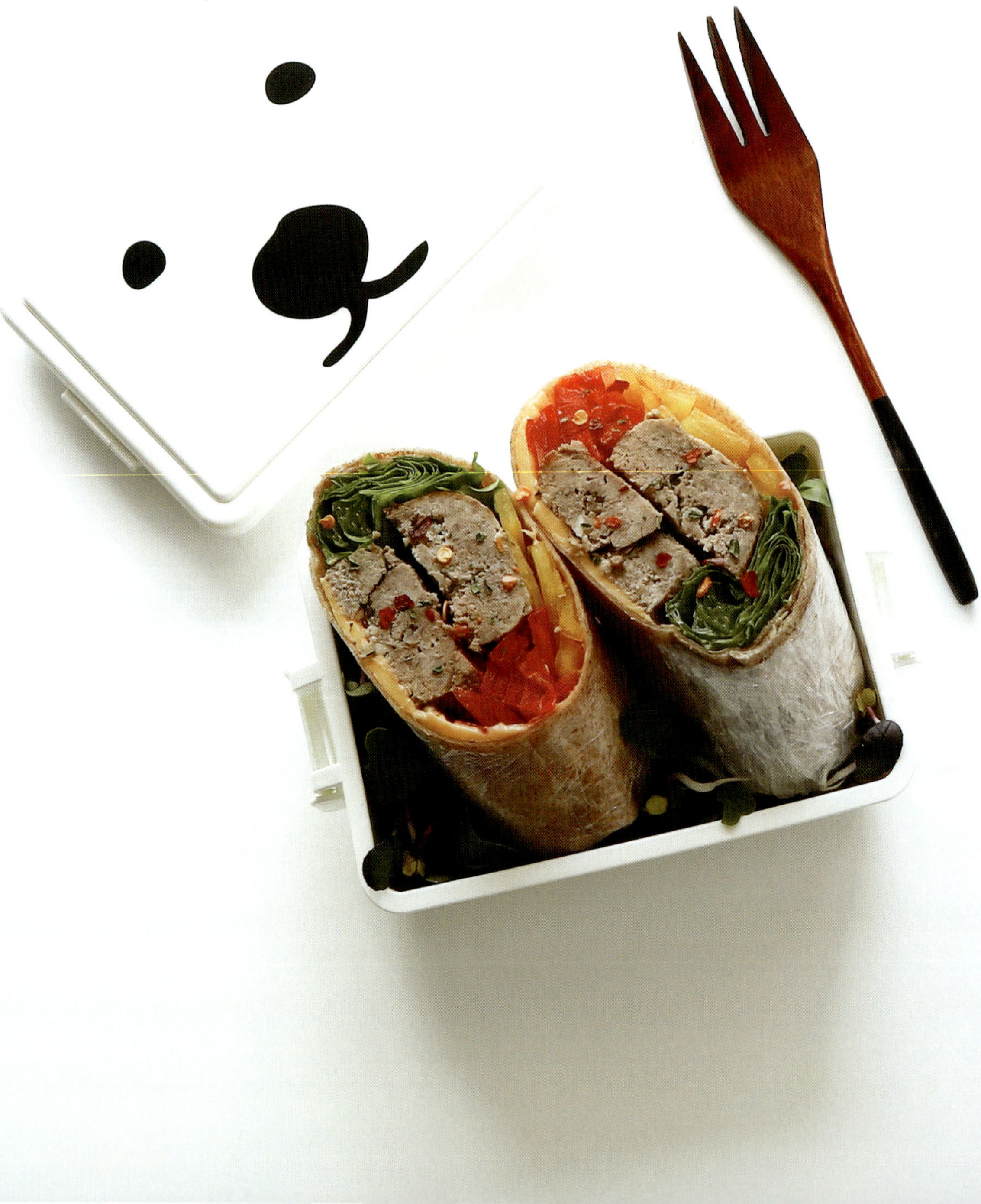

통밀또띠아
1장

소분한 함박스테이크
1개

슬라이스 치즈
1장

빨강·노랑 파프리카
1/7개씩(60g)

청상추
5장

어린잎채소
1줌(20g)

크러쉬드
레드페퍼홀
약간(생략 가능)

HOW TO MAKE

1 빨강·노랑 파프리카는 채 썬다. 슬라이스 치즈는 반으로 자른다.

2 함박스테이크는 길게 4등분한다.

3 달군 팬에 통밀또띠아를 앞뒤로 5초씩 굽는다.

4 랩을 깔고 구운 통밀또띠아를 올린다. 슬라이스 치즈, 함박스테이크, 파프리카, 청상추를 올린다.

5 끝에서부터 돌돌 말고, 랩으로 두 번 정도 감싼 뒤 반으로 어슷 썬다. 밀폐용기에 어린잎채소와 함박스테이크또띠아롤을 담고 크러쉬드레드페퍼홀을 뿌린다.

Tip 또띠아롤에 들어갈 함박스테이크는 만들 때 반죽을 미리 길게 뭉쳐서 구우면 편해요.

응용 요리
④

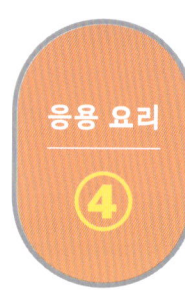

함박스테이크샐러드덮밥

달걀과 함박스테이크로 배부르게 먹어요

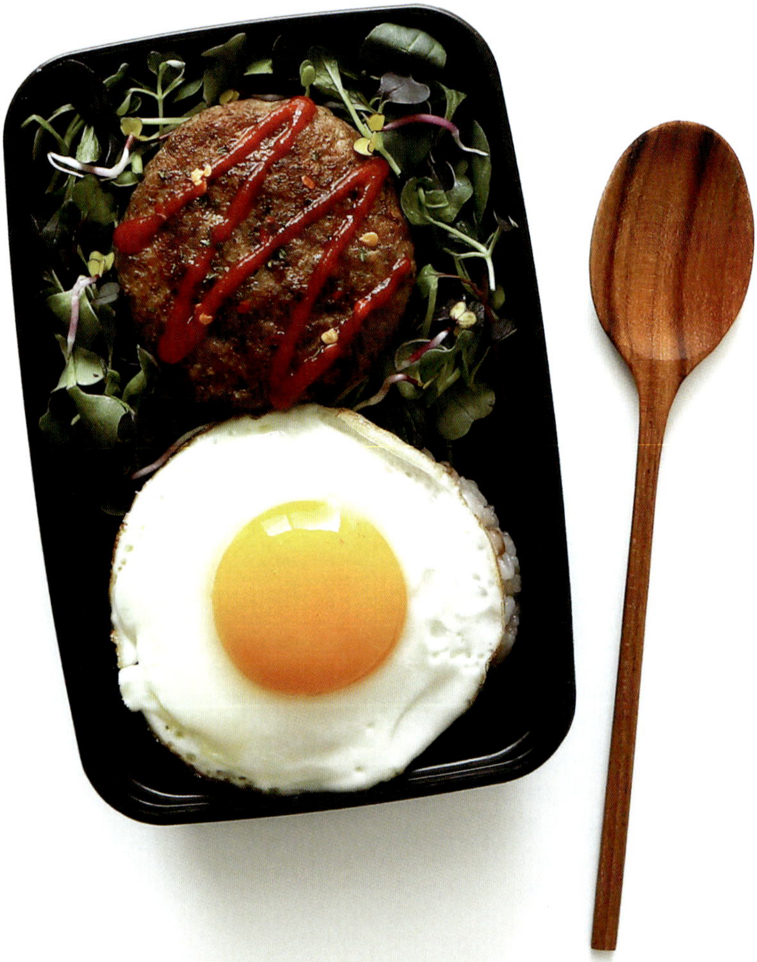

현미밥	소분한 함박스테이크	달걀	어린잎채소	올리브유	스리라차소스·크러쉬드레드페퍼홀
1공기(130g)	1개	1개	1줌(20g)	1/2큰술	약간씩(생략 가능)

HOW TO MAKE

1

2

1 팬에 올리브유를 두르고 달걀을 깨트려 넣어 프라이한다.

2 밀폐용기에 현미밥과 어린잎채소를 담는다.

3 밥 위에 달걀프라이, 어린잎채소 위에 함박스테이크를 올린 뒤 스리라차소스와 크러쉬드
레드페퍼홀을 뿌린다.

Tip 스리라차소스 대신 케첩을 뿌려도 맛있어요.

응용 요리

5

함박스테이크 볶음밥

최고의 탄단지 조합!

현미밥	소분한 함박스테이크	달걀	빨강·노랑 파프리카	대파	굴소스	올리브유	크러쉬드레드페퍼홀
1공기(130g)	1개	1개	1/7개씩(60g)	1/10대(10g)	1큰술	1큰술	약간(생략 가능)

HOW TO MAKE

1 팬에 올리브유 1/2큰술을 두르고 달걀을 깨트려 넣어 프라이한다.

2 빨강·노랑 파프리카는 잘게 다지고, 대파는 송송 썬다.

3 팬에 나머지 분량의 올리브유를 두른다. 파프리카와 대파를 넣고 중간 불에서 투명해질 때
까지 볶다가 현미밥과 굴소스를 넣고 볶는다.

4 밀폐용기에 담고, 그 위에 함박스테이크와 달걀프라이를 올린 뒤 크러쉬드레드페퍼홀을
뿌린다.

Tip 당근이나 부추, 아스파라거스 등 다른 채소를 넣어도 좋아요.

|||| 장보기 리스트 ||||

- ☐ 김밥 김 1장
- ☐ 통밀식빵 2장
- ☐ 통밀빵 2장
- ☐ 슬라이스 햄 2장
- ☐ 달걀 12~13개
- ☐ 슬라이스 치즈 1장
- ☐ 양파 1개(200g)
- ☐ 빨강·노랑 파프리카 1개씩
- ☐ 어린잎채소 1팩(100g)

* 남는 식재료는 볶음밥이나 주먹밥, 샌드위치,
또띠아롤 등 다른 레시피에 활용해요.

PICK **달걀말이**

1

달걀말이샌드위치

2

달걀말이오픈샌드위치

3

달걀말이샐러드덮밥

4

달걀말이초밥

5

달걀말이채소덮밥

달걀말이

완전식품 달걀로 배를 충분히 채워요

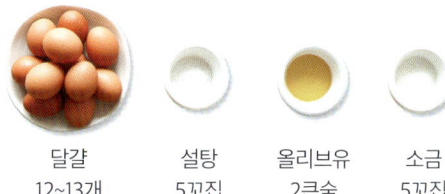

달걀	설탕	올리브유	소금
12~13개	5꼬집	2큰술	5꼬집

HOW TO MAKE

1 큰 볼에 달걀을 깨트려 넣는다. 설탕과 소금을 넣고 섞어 달걀물을 만든 뒤 체에 밭쳐 알끈을 제거한다.

2 팬에 올리브유를 두르고 키친타월로 살짝 닦아낸다.

3 팬에 달걀물을 조금 부은 뒤 약한 불에서 가장자리가 익기 시작하면 끝에서부터 말고, 한쪽으로 밀어둔다. 빈 공간에 다시 달걀물을 조금 붓고 끝에서부터 말기를 반복해 달걀말이를 완성한다.

4 김발에 달걀말이를 싼 채로 한김 식힌 뒤 14조각으로 썰어 소분한다.

Tip • 달걀을 전부 깨트렸을 때 총 500g 정도가 되도록 개수를 조절해요(중란 1개는 45~50g).
　　 • 완성된 달걀말이를 14조각으로 잘라야 5개의 응용 요리를 만들 수 있어요(팬 너비 20cm).

응용 요리

①

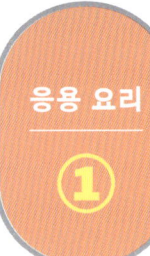

달걀말이샌드위치

촉촉한 타마고샌드위치를 완벽하게 재현해요!

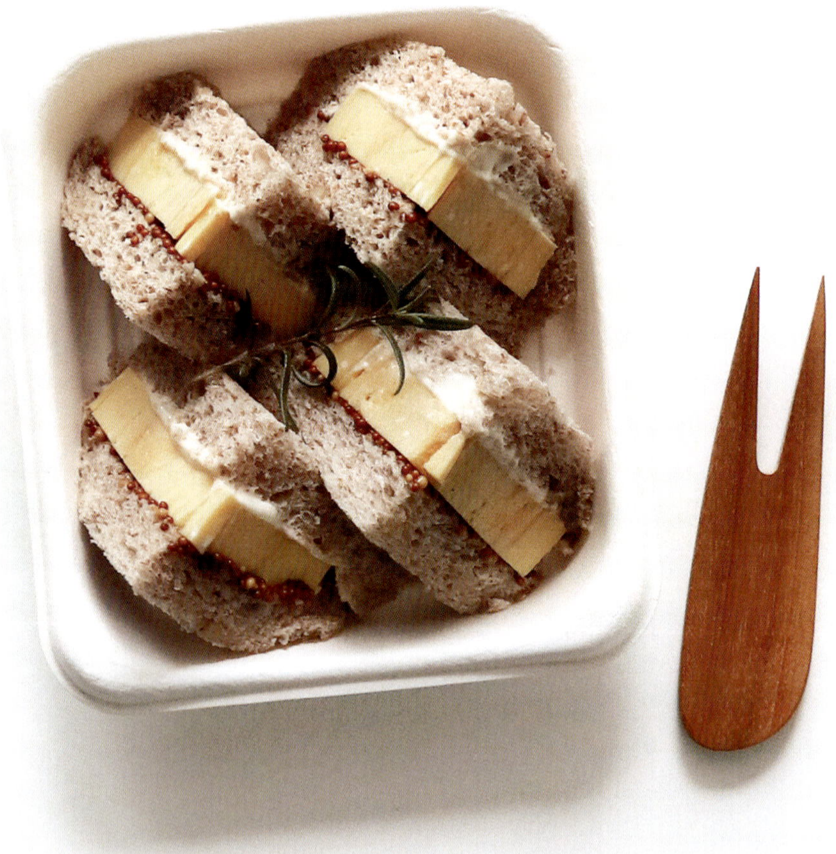

통밀식빵	소분한 달걀말이	홀그레인머스터드	하프마요네즈
2장	2조각	1큰술	1큰술

HOW TO MAKE

1 달걀말이 크기에 맞춰 통밀식빵의 테두리를 잘라낸다.

2 통밀식빵 한 장의 안쪽 면에 하프마요네즈를 바른 뒤 달걀말이를 올린다.

3 나머지 통밀식빵 안쪽 면에 홀그레인머스터드를 바르고 덮는다.

4 X자로 자른 뒤 밀폐용기에 담는다.

Tip 식빵 테두리는 모아두었다가 갈아서 빵가루를 만들거나 구워서 플레인 요거트에 찍어 먹어요.

응용 요리 ②

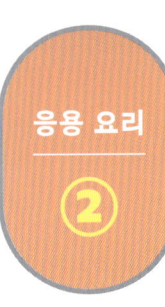

달걀말이오픈샌드위치

층층이 쌓인 재료들이 다채로운 맛을 내요

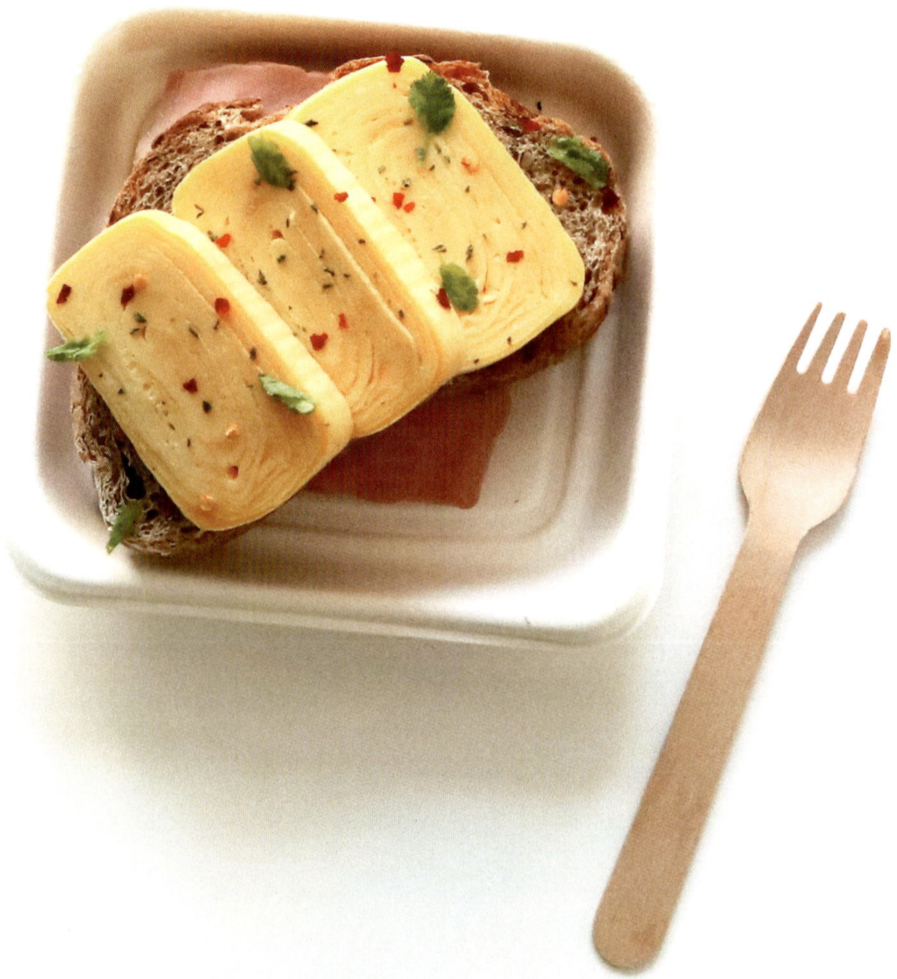

통밀빵
2장

슬라이스 햄
2장

소분한 달걀말이
3조각

슬라이스 치즈
1장

홀그레인
머스터드
1/2큰술

하프마요네즈
1/2큰술

크러쉬드
레드페퍼홀
약간(생략 가능)

HOW TO MAKE

1 달군 팬에 통밀빵을 앞뒤로 굽는다.

2 구운 통밀빵 한 장에는 하프마요네즈, 다른 한 장에는 홀그레인머스터드를 바른다.

3 통밀빵 한쪽에 슬라이스 치즈와 슬라이스 햄을 올리고, 나머지 통밀빵을 넓는다.

4 맨 위에 달걀말이를 올리고, 크러쉬드레드페퍼홀을 뿌린다.

Tip 슬라이스 햄 대신 닭가슴살 햄을 사용해도 맛있어요.

응용 요리

③

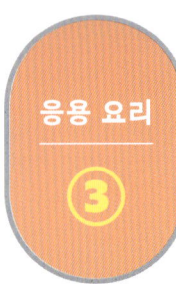

달걀말이샐러드덮밥

밥만 있으면 완성되는 손쉬운 한끼

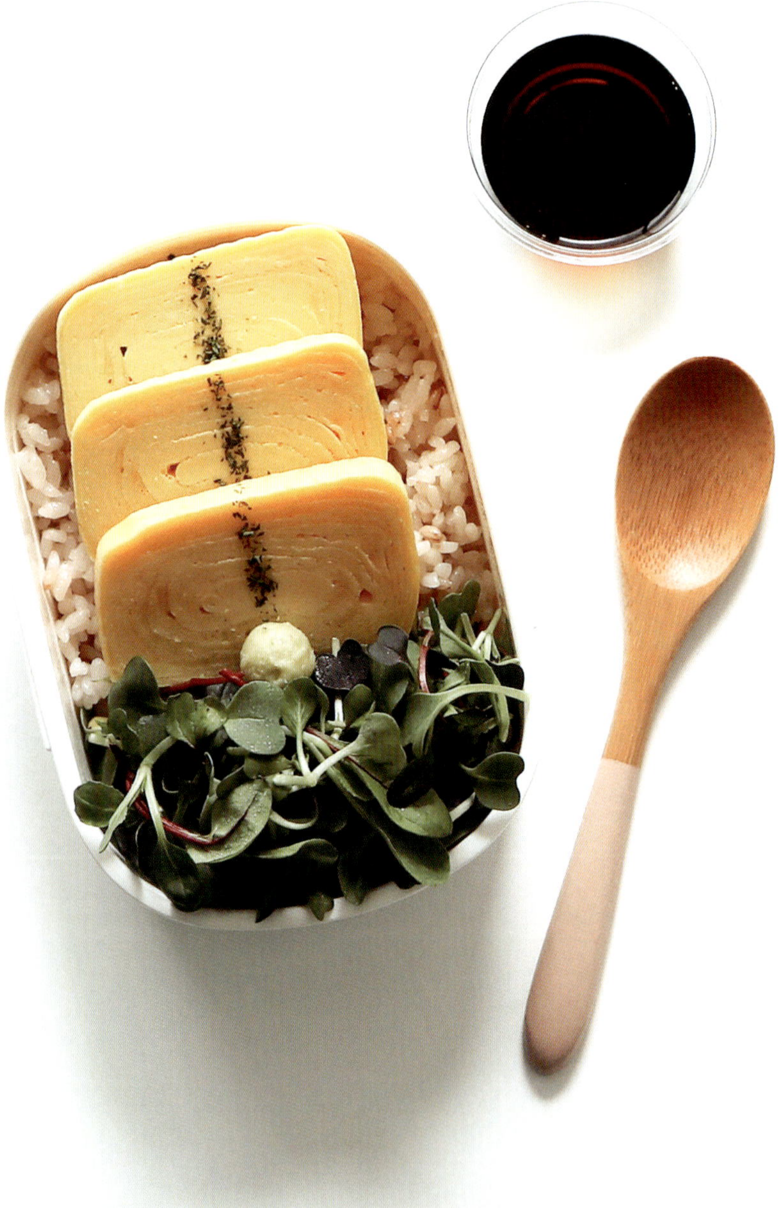

현미밥
1공기(130g)

소분한 달걀말이
3조각

어린잎채소
1줌(20g)

달걀간장
1큰술

파슬리가루
약간(생략 가능)

HOW TO MAKE

1

2

1 밀폐용기에 현미밥과 어린잎채소를 담는다.

2 밥 위에 달걀말이를 올리고, 파슬리가루를 뿌린 뒤 달걀간장을 곁들인다.

Tip 달걀간장에 와사비나 돈가스소스, 하프마요네즈를 더하면 더욱 맛있어요.

달걀말이초밥

입 안에 퍼져나가는 탱글탱글함을 만끽해요

김밥 김
1/4장

현미밥
1공기(130g)

소분한 달걀말이
3조각

어린잎채소
1줌(20g)

와사비
약간

달걀간장
1큰술

식초
1큰술

설탕
2꼬집

소금
2꼬집

HOW TO MAKE

1 큰 볼에 현미밥과 식초, 설탕, 소금을 넣고 골고루 섞어 양념한다. 김밥 김은 3등분한다.

2 양념한 밥은 3개 분량으로 나눈 뒤 동그랗게 뭉친다.

3 밥 위에 와사비를 조금 올리고, 달걀말이를 올린다.

4 김밥 김으로 가운데를 감아 고정한다. 밀폐용기에 어린잎채소와 달걀말이초밥을 담고, 달걀간장을 곁들인다.

Tip 식초와 설탕, 소금을 넣는 대신 초대리(시판 초밥용 식초 또는 단촛물)를 사용하면 편해요.

응용 요리

⑤

달걀말이채소덮밥

냉장고 속 재료는 무엇이든 넣을 수 있어요!

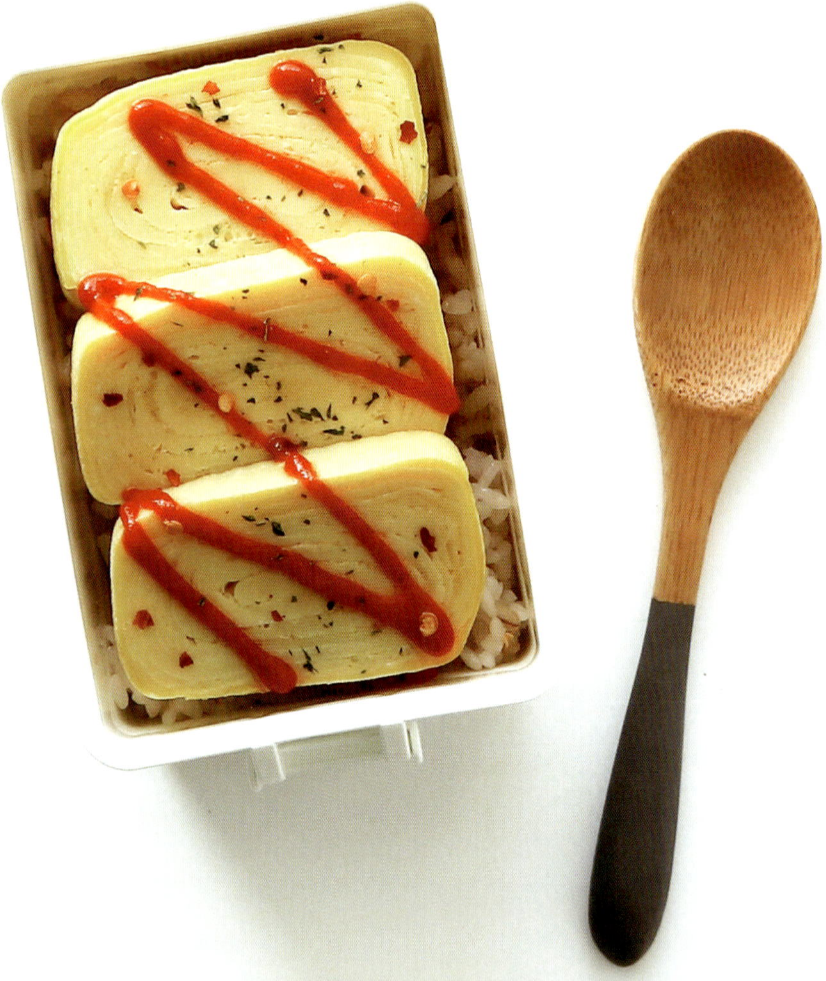

| 현미밥 1공기(130g) | 소분한 달걀말이 3조각 | 양파 1/7개(30g) | 빨강·노랑 파프리카 1/14개씩(30g) | 굴소스 1/2큰술 | 올리브유 1/2큰술 | 스리라차소스· 크러쉬드레드페퍼홀 약간씩(생략 가능) |

HOW TO MAKE

1 양파와 빨강·노랑 파프리카는 채 썬다.

2 팬에 올리브유를 두른다. 양파와 파프리카, 굴소스를 넣고 센 불에서 완전히 익을 때까지 볶는다.

3 밀폐용기에 현미밥을 담고, 볶은 양파와 파프리카를 올린다.

4 달걀말이를 올린 뒤 스리라차소스와 크러쉬드레드페퍼홀을 뿌린다.

Tip 양배추나 당근을 볶아서 올려도 맛있어요.

195

12주차 밀프렙 식단 한눈에 보기

||||| 장보기 리스트 |||||

- ☐ 김밥 김 2장
- ☐ 통밀또띠아 1장
- ☐ 닭가슴살 햄 50g
- ☐ 두부 2모(600g)
- ☐ 슬라이스 치즈 1장
- ☐ 모차렐라 치즈 1봉지
- ☐ 양파 1개(200g)
- ☐ 피망 1개(100g)
- ☐ 빨강·노랑 파프리카 1개씩
- ☐ 대파 1대
- ☐ 양송이버섯 2개(30g)
- ☐ 청상추 10장
- ☐ 숙주 1봉지
- ☐ 어린잎채소 1팩(100g)
- ☐ 슬라이스 블랙올리브 1캔

* 남는 식재료는 볶음밥이나 주먹밥, 샌드위치,
또띠아롤 등 다른 레시피에 활용해요.

 두부부침

196

1

떠먹는 두부피자

2

두부또띠아롤

3

두부채소김밥

4

두부숙주양파덮밥

5

두부카레볶음밥

두부부침

영양은 높고 칼로리는 낮은 최고의 다이어트 식품

두부	올리브유	소금
2모(600g)	3큰술	2꼬집

HOW TO MAKE

1 두부는 1모당 8등분한다.

2 두부를 키친타월에 올려 물기를 제거하고, 소금을 뿌려 밑간한다.

3 팬에 올리브유를 두르고 두부를 앞뒤로 노릇하게 굽는다.

4 한김 식힌다.

응용 요리

①

떠먹는 두부피자

다이어터의 입맛을 사로잡은 맛있는 피자

닭가슴살
햄
50g

소분한
두부부침
4조각

모차렐라
치즈
2큰술

양파
1/7개
(30g)

피망
1/3개
(30g)

양송이
버섯
2개(30g)

슬라이스
블랙올리브
약간

토마토
소스
2큰술

올리브유
1/2큰술

스리라차소스·
크러쉬드레드페퍼홀
약간씩(생략 가능)

HOW TO MAKE

1 양파는 채 썰고, 피망과 양송이버섯은 슬라이스한다. 닭가슴살 햄은 한입 크기로 자른다.

2 팬에 올리브유를 두른다. 양파와 피망, 양송이버섯, 닭가슴살 햄을 넣고 센 불에서 양파가 투명해질 때까지 볶는다.

3 밀폐용기에 두부부침을 담고, 토마토소스를 펴 바른다.

4 볶은 채소와 닭가슴살 햄을 올리고, 모차렐라 치즈와 슬라이스 블랙올리브를 뿌린 뒤 전자레인지에 넣고 3분간 익힌다.

5 스리라차소스와 크러쉬드레드페퍼홀을 뿌린다.

 Tip • 닭가슴살 햄 대신 크래미나 참치를 넣어도 맛있어요.
• 먹기 직전 전자레인지에 넣고 익혀요.

두부또띠아롤

영양 밸런스가 두루 잡힌 건강 메뉴

| 통밀또띠아
1장 | 소분한 두부부침
3조각 | 슬라이스 치즈
1장 | 빨강·노랑 파프리카
1/7개씩(60g) | 청상추
6장 | 어린잎채소
1줌(20g) |

HOW TO MAKE

1 청상추는 흐르는 물에 씻은 뒤 물기를 털어낸다.

2 빨강·노랑 파프리카는 채 썬다.

3 달군 팬에 통밀또띠아를 앞뒤로 5초씩 굽는다.

4 두부부침은 길게 자른다.

5 랩을 깔고 구운 통밀또띠아를 올린다. 슬라이스 치즈, 두부부침, 파프리카, 청상추를 올린다.

6 끝에서부터 돌돌 말고, 랩으로 두 번 정도 감싼 뒤 반으로 어슷 썰어 밀폐용기에 어린잎채소와 담는다.

Tip 좋아하는 드레싱이나 스리라차소스를 곁들여도 맛있어요.

응용 요리

③

두부채소김밥

내장지방 감소 효과가 뛰어난 두부로 만들어요

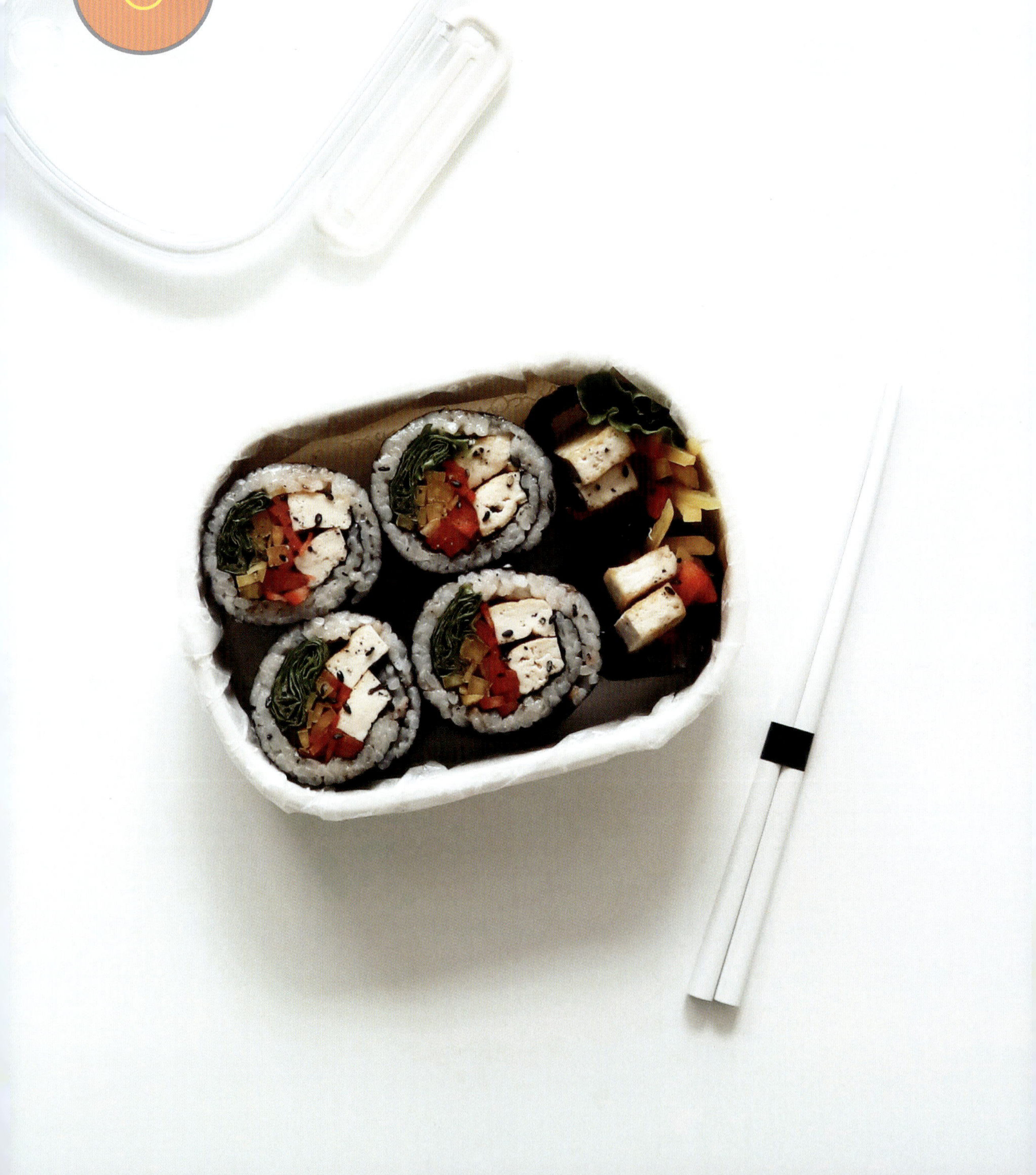

김밥 김
1장과 1/2장

현미밥
3/4공기(100g)

소분한 두부부침
2조각

빨강·노랑 파프리카
1/7개씩(60g)

청상추
4장

참기름
1/2큰술

소금
1꼬집

검은깨(또는 통깨)
약간

HOW TO MAKE

1 청상추는 흐르는 물에 씻은 뒤 물기를 털어낸다.

2 두부부침은 길게 자른다.

3 빨강·노랑 파프리카는 채 썬다.

4 큰 볼에 현미밥과 참기름, 소금을 넣고 골고루 섞어 양념한다.

5 김발에 거친 면이 위로 올라오도록 김밥 김 1장을 펼치고, 양념한 밥을 얇게 펴 올린 뒤 김
  밥 김 1/2장을 덮는다.

6 두부부침과 파프리카, 청상추를 올린 뒤 돌돌 만다.

7 한입 크기로 썰어 밀폐용기에 담은 뒤 검은깨를 뿌린다.

응용 요리
④

두부숙주양파덮밥

체지방을 분해해 먹을수록 살이 빠지는 숙주!

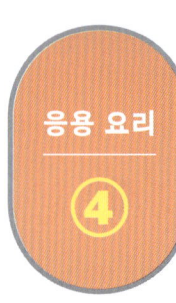

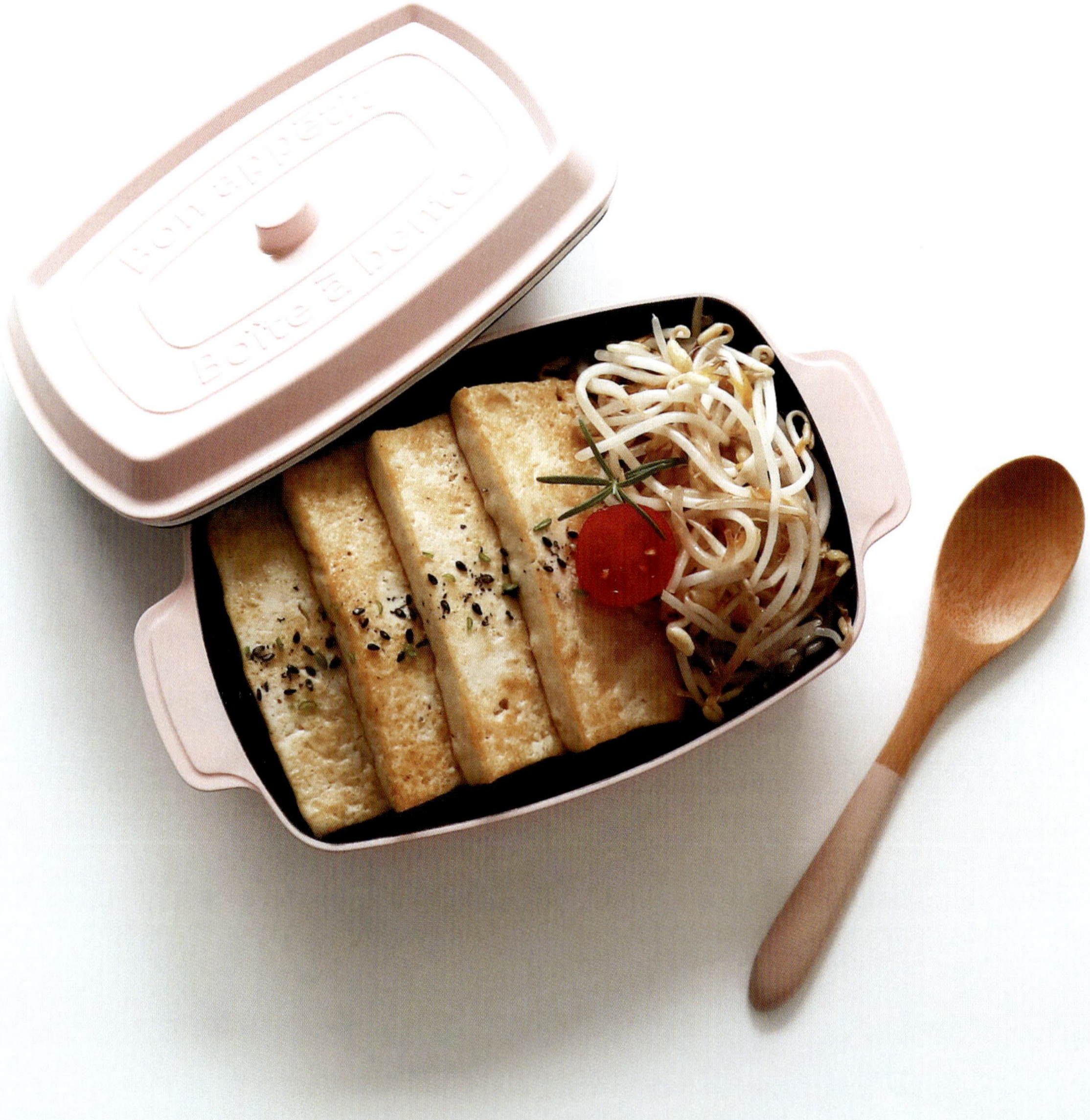

현미밥
3/4공기(100g)

소분한 두부부침
4조각

양파
1/2개(100g)

숙주
1/2봉지(100g)

굴소스
1큰술

올리브유
1큰술

검은깨(또는 통깨)
약간

HOW TO MAKE

1 숙주는 흐르는 물에 씻은 뒤 체에 받쳐 물기를 뺀다.

2 양파는 채 썬다.

3 팬에 올리브유를 두른다. 양파와 굴소스를 넣고 중간 불에서 양파가 투명해질 때까지 볶은
   뒤 따로 덜어둔다.

4 같은 팬에 숙주를 넣고 센 불에서 숨이 살짝 죽을 때까지 볶는다.

5 밀폐용기에 현미밥을 담고, 볶은 양파와 숙주를 올린다. 그 위에 두부부침을 올린 뒤 검은
   깨를 뿌린다.

Tip 숙주 대신 콩나물로 요리해도 맛있어요.

응용 요리
5

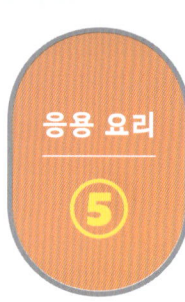

두부카레볶음밥

카레로 지방을 태우고 두부로 포만감을 오래 유지해요

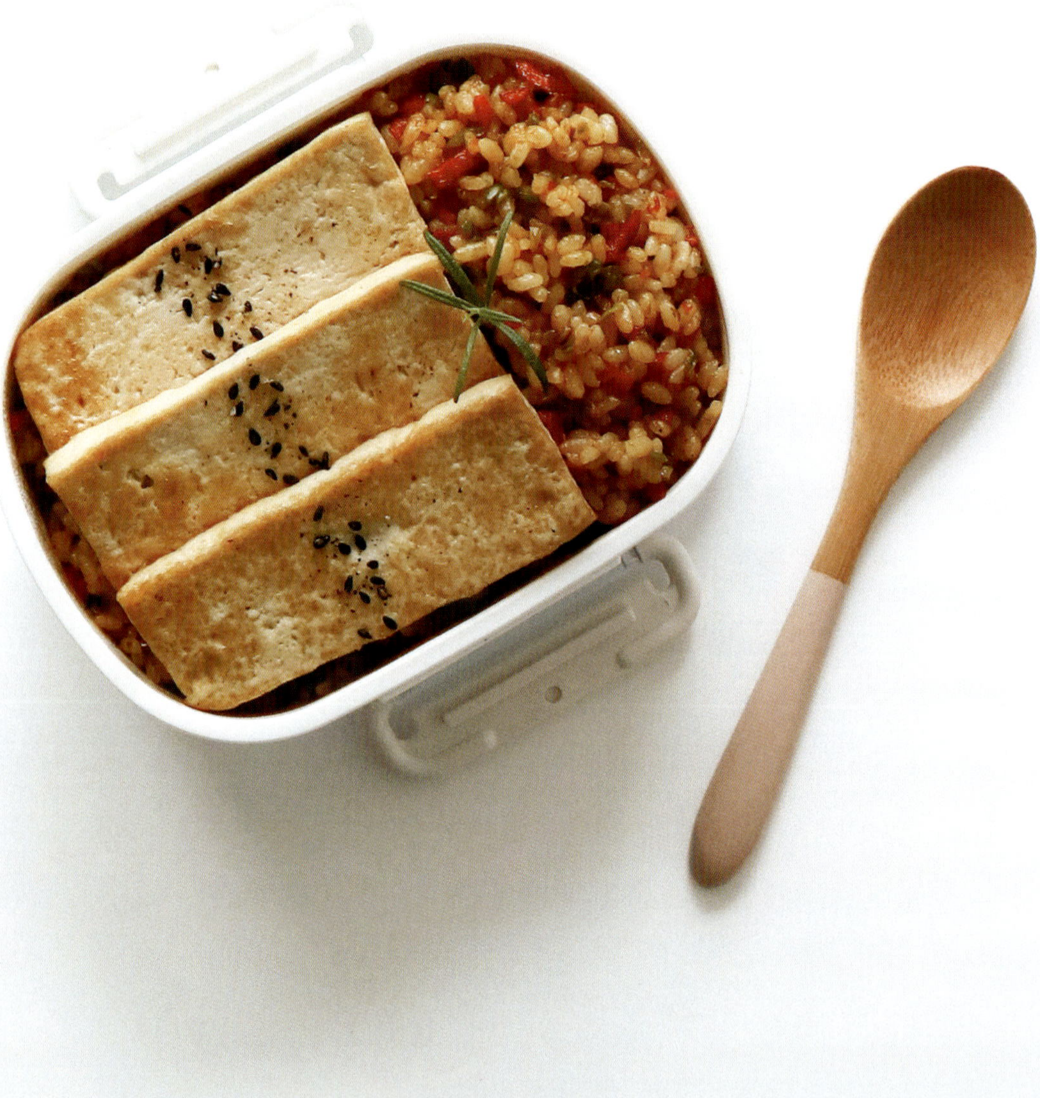

현미밥
3/4공기(100g)

소분한 두부부침
3조각

빨강 파프리카
1/4개(60g)

대파
1/10대(10g)

카레가루
1큰술

올리브유
1큰술

검은깨(또는 통깨)
약간

HOW TO MAKE

1 대파는 송송 썰고, 빨강 파프리카는 잘게 다진다.

2 팬에 올리브유를 두른다. 대파를 넣고 약한 불에서 볶아 파기름을 낸다.

3 빨강 파프리카를 넣고 중간 불에서 숨이 살짝 죽을 때까지 볶는다.

4 현미밥과 카레가루를 넣고 볶는다.

5 밀폐용기에 담고, 두부부침을 올린 뒤 검은깨를 뿌린다.

밀프렙으로 완성한 요리와 함께 먹으면
포만감을 더욱 높이는 반찬 레시피예요.
반찬을 곁들여 배불리 먹고 식사를 즐겁게 하는 것이
식욕 관리에 좋으니 꼭 함께 먹어보세요.

MEAL-PREP RECIPE

3

함께 먹으면
더욱 맛있는 반찬

저염겉절이

없던 입맛도 살리는 저염 김치를 만들어요

| 알배기 배추
1/2포기(300g) | 양파
1/7개(30g) | 쪽파
5~7줄기 | 액젓
1큰술 | 매실액
1큰술 | 고춧가루
1큰술 | 알룰로스설탕
1큰술 | 다진 마늘
1큰술과 1/2큰술 | 통깨
약간 |

HOW TO MAKE

1 알배기 배추는 흐르는 물에 씻은 뒤 한입 크기로 길게 썬다.

2 양파는 채 썰고, 쪽파는 길게 썬다.

3 볼에 액젓과 매실액, 고춧가루, 알룰로스설탕, 다진 마늘을 넣고 골고루 섞어 양념을 만든다.

4 큰 볼에 알배기 배추와 양파, 쪽파, 양념을 넣고 버무린다. 접시에 담고 통깨를 뿌린다.

Tip 멸치액젓이나 까나리액젓 등 집에 있는 액젓을 사용해요.

배깍두기

아삭아삭한 식감과 달큼함이 돋보이는 반찬!

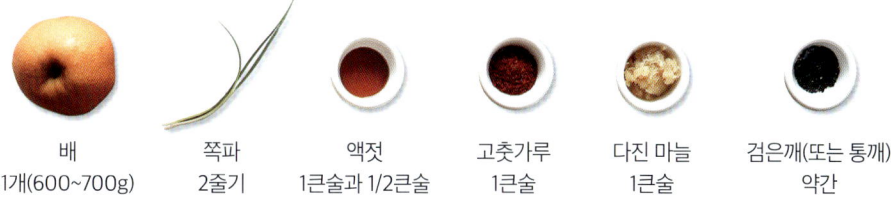

배
1개(600~700g)

쪽파
2줄기

액젓
1큰술과 1/2큰술

고춧가루
1큰술

다진 마늘
1큰술

검은깨(또는 통깨)
약간

HOW TO MAKE

1 배는 껍질을 깎고 씨를 제거한 뒤 깍둑 썬다. 쪽파는 송송 썬다.

2 큰 볼에 배와 쪽파, 나머지 재료를 모두 넣고 버무린 뒤 접시에 담는다.

참나물된장무침

밥상 위에 향긋함을 올려요

참나물	대파	된장	다진 마늘	참기름	소금	통깨
1단(300g)	1/5대(20g)	1큰술과 1/2큰술	1/2큰술	3큰술	1큰술	1큰술

HOW TO MAKE

1 참나물은 흐르는 물에 깨끗이 씻는다.

2 대파는 송송 썬다.

3 냄비에 물을 붓고 소금을 넣는다. 물이 끓어오르면 참나물을 넣고 20~30초간 데친 뒤 건져 서 찬물에 헹군다.

4 양손으로 참나물을 쥐고 물기를 짜낸 뒤 3등분한다.

5 큰 볼에 참나물과 대파, 된장, 다진 마늘, 참기름을 넣고 무친다. 접시에 담고 통깨를 뿌린다.

무나물

삼삼한 식탁 위의 감초 반찬

무
1/3토막(300g)

쪽파
1줄기

알룰로스설탕
1/3큰술

다진 마늘
1/2큰술

참기름
2큰술

소금
1/3큰술

검은깨(또는 통깨)
약간

물
100ml

HOW TO MAKE

1 무는 굵게 채 썬다.

2 쪽파는 송송 썬다.

3 팬에 참기름을 두르고 무를 넣는다. 센 불에서 숨이 살짝 죽을 때까지 볶은 뒤 분량의 물을 붓고 뚜껑을 덮는다. 중간 불에서 무가 투명해질 때까지 3~5분간 뜸을 들인 뒤 뚜껑을 연다.

4 쪽파와 알룰로스설탕, 다진 마늘, 소금, 검은깨를 넣고 볶은 뒤 접시에 담는다.

Tip 들깻가루 1큰술을 추가해도 맛있어요.

SIDE DISH

5

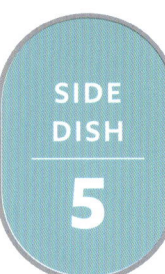

브로콜리견과류볶음

비타민 C와 엽산, 불포화지방산을 섭취해요

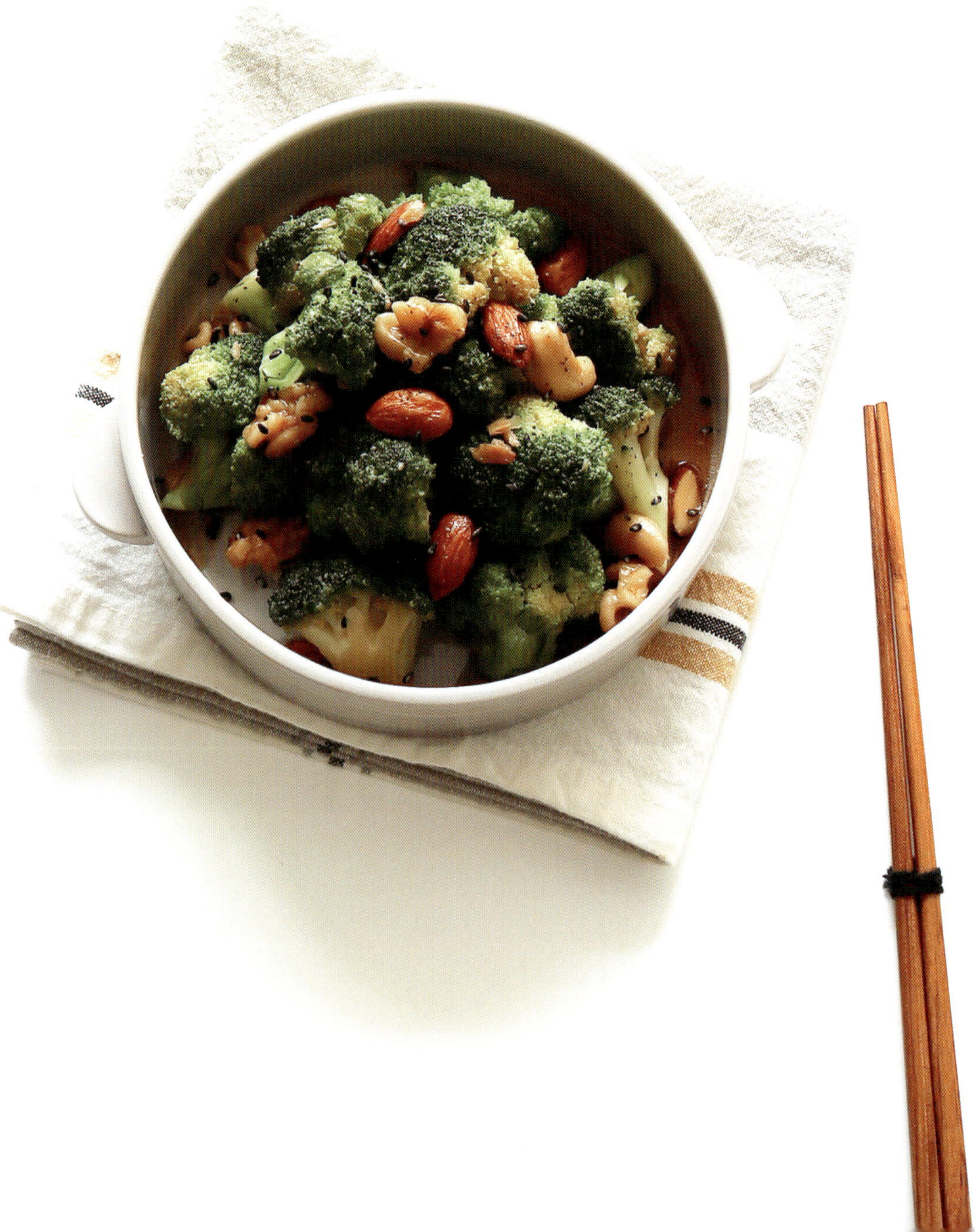

브로콜리	견과류	굴소스	올리브유	다진 마늘	소금	검은깨(또는 통깨)
1송이(300g)	1줌(20g)	2큰술	1큰술	1/2큰술	1꼬집	약간

HOW TO MAKE

1 브로콜리는 흐르는 물에 씻은 뒤 한입 크기로 썬다.

2 냄비에 물을 붓고 소금을 넣는다. 물이 끓어오르면 브로콜리를 넣고 20~30초간 데친 뒤 체에 받쳐 물기를 뺀다.

3 견과류는 칼로 잘게 다진다.

4 팬에 올리브유를 두른다. 다진 마늘을 넣고 약한 불에서 마늘향이 날 때까지 볶는다.

5 브로콜리와 견과류, 굴소스를 넣고 센 불에서 빠르게 볶은 뒤 접시에 담고 검은깨를 뿌린다.

Tip 브로콜리 줄기 부분은 1분 이상 데친 뒤 요리해요.

SIDE DISH 6

소고기오이볶음

씹을수록 오독한 식감과 담백한 맛이 일품이에요

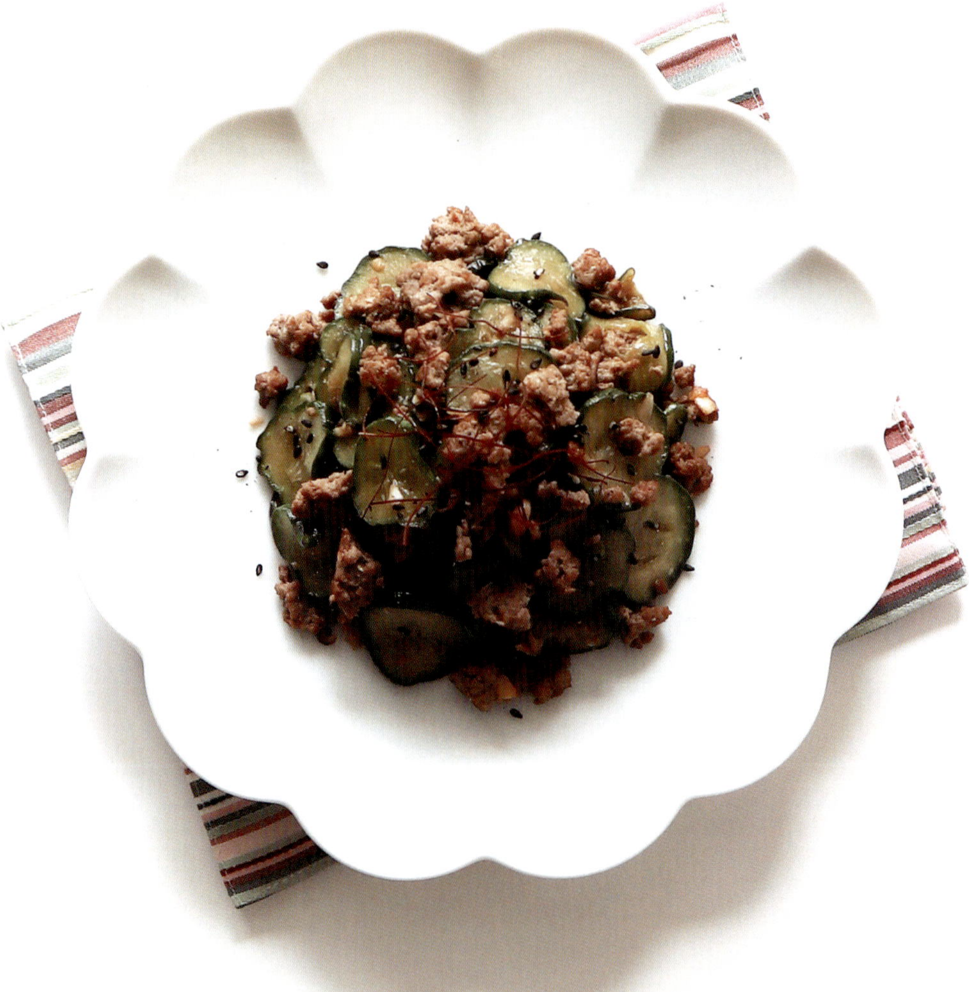

소고기(다짐육) 100g	오이 1개(200g)	간장 1큰술	다진 마늘 1/2큰술	참기름 1큰술	소금 1큰술	검은깨(또는 통깨) 약간

HOW TO MAKE

1 오이는 0.3cm 두께로 슬라이스한다.

2 큰 볼에 오이와 소금을 넣고 10분간 절인다.

3 다른 볼에 소고기와 간장 1/2큰술, 다진 마늘, 참기름 1/2큰술을 넣고 밑간한다.

4 오이는 흐르는 물에 살짝 씻은 뒤 양손으로 쥐고 물기를 짜낸다.

5 큰 볼에 오이를 넣는다. 나머지 분량의 간장과 참기름을 넣고 밑간한다.

6 팬에 소고기를 넣고 센 불에서 익을 때까지 볶는다. 오이를 넣고 수분이 날아갈 때까지 볶은 뒤 접시에 담고 검은깨를 뿌린다.

감자버섯조림

간단한 식재료로 알차게 완성해요

감자
5개(300g)

표고버섯
5개(100g)

간장
3큰술

알룰로스
올리고당
1큰술

알룰로스설탕
1큰술

올리브유
1큰술

참기름
1큰술

검은깨
(또는 통깨)
약간

물
120ml

HOW TO MAKE

1 감자는 껍질을 깎고 깍둑 썬다. 표고버섯은 기둥을 떼고 흐르는 물에 씻은 뒤 한입 크기로 썬다.

2 팬에 올리브유를 두른다. 감자와 표고버섯을 넣고 중간 불에서 감자가 노릇해질 때까지 볶는다. 간장과 알룰로스설탕, 분량의 물을 넣고 자작해질 때까지 조린다.

3 알룰로스올리고당과 참기름을 넣고 섞은 뒤 접시에 담고 검은깨를 뿌린다.

가지달걀전

쫄깃하고 바삭한 별미 반찬

| 달걀 1개 | 가지 1개 | 매운 고추 1개 | 쪽파 1줄기 | 간장 2큰술 | 밀가루 1큰술 | 올리브유 2큰술 | 참기름 1큰술 | 소금 2꼬집 | 검은깨 (또는 통깨) 약간 |

HOW TO MAKE

1 가지는 0.5cm 두께로 슬라이스한다.

2 쪽파와 매운 고추는 송송 썬다.

3 볼에 쪽파와 매운 고추, 간장, 참기름, 검은깨를 넣고 골고루 섞어 양념장을 만든다.

4 다른 볼에 달걀을 깨트려 넣는다. 소금 1꼬집을 넣고 섞어 달걀물을 만든다.

5 큰 볼에 가지와 밀가루, 나머지 분량의 소금을 넣고 섞어 밀가루옷을 입힌다.

6 팬에 올리브유를 두른다. 가지를 달걀물에 살짝 담갔다가 빼서 팬에 올리고, 약한 불에서 앞뒤로 노릇하게 부친다. 접시에 담고 양념장을 곁들인다.

SIDE
DISH

9

크래미달걀수프

부드러움에 속이 편안해져요

| 크래미 5개(90g) | 달걀 1개 | 쪽파 1줄기 | 표고버섯 3개(60g) | 굴소스 1/2큰술 | 치킨스톡 1큰술 | 전분가루 1큰술 | 검은깨(또는 통깨) 약간 | 물 500ml |

HOW TO MAKE

1 표고버섯은 기둥을 떼고 흐르는 물에 씻은 뒤 슬라이스 하고, 쪽파는 송송 썬다. 크래미는 잘게 찢는다.

2 볼에 전분가루와 물 10큰술을 넣고 골고루 섞어 전분물을 만든다.

3 다른 볼에 달걀을 깨트려 넣고 저어 달걀물을 만든다.

4 냄비에 나머지 분량의 물을 붓는다. 물이 끓어오르면 굴소스와 치킨스톡, 크래미, 쪽파, 표고버섯을 넣는다.

5 한소끔 끓으면 둥글게 원을 그리며 달걀물을 붓는다. 그대로 익히다가 전분물을 조금씩 부으며 섞어 원하는 농도를 맞춘다. 그릇에 담고 검은깨를 뿌린다.

황태뭇국

맑고 시원한 국물 요리 한 그릇

황태	무	청·홍고추	쪽파	간장	다진 마늘	참기름	소금	물
2줌(100g)	1/10토막(100g)	1개씩	3줄기	1큰술	1큰술	1큰술	2꼬집	900ml

HOW TO MAKE

1 황태는 한입 크기로 자른다. 물에 살짝 적신 뒤 양손으로 쥐고 물기를 짠다.

2 무는 납작하게, 청·홍고추는 송송 썬다. 쪽파는 어슷 썬다.

3 냄비에 참기름을 두른다. 황태를 넣고 센 불에서 달달 볶는다.

4 무를 넣고 분량의 물을 붓는다. 국물이 끓어오르면 간장과 다진 마늘, 소금을 넣고 간을 한다.

5 쪽파와 고추를 넣고 한소끔 더 끓인 뒤 그릇에 담는다.

한 그릇 밀프렙

다이어트 레시피

초판 1쇄 발행 2021년 4월 1일
초판 4쇄 발행 2025년 8월 1일

지은이 최희정
펴낸이 김영조
편집 김시연, 진나경, 최희윤 | **디자인** 정지연 | **마케팅** 김민수, 강지현 | **제작** 김경묵 | **경영지원** 정은진
외주 디자인 도큐먼트(bookdesignyun@naver.com)
펴낸곳 싸이프레스 | **주소** 서울시 마포구 양화로7길 44, 3층
전화 (02)335-0385 | **팩스** (02)335-0397
이메일 cypressbook1@naver.com | **홈페이지** www.cypressbook.co.kr
블로그 blog.naver.com/cypressbook1 | **포스트** post.naver.com/cypressbook1
인스타그램 싸이프레스 @cypress_book1 | **싸이클** @cycle_book
출판등록 2009년 11월 3일 제2010-000105호

ISBN 979-11-6032-121-0 13590

가장 쉬운 한끼,
오트밀 쉐이크

고소한 오트와 8가지 곡물을 한번에!

오하루 자연가득 모델
손호준

오하루 공식 인스타그램 @oharu.official
www.CJmall.com 구매문의 080-000-8000